978 3867529099
AF201724

Inhaltsverzeichnis (1)

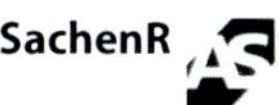

Beispiel · Definition · Hinweis/Beachte · Merke · Streit · Struktur/Prüfungsaufbau

Inhaltsverzeichnis (2)

Beispiel · Definition · Hinweis/Beachte · Merke · Streit · Struktur/Prüfungsaufbau

Inhaltsverzeichnis (3)

Beispiel Definition Hinweis/Beachte Merke Streit Struktur/Prüfungsaufbau

Grundprinzipien des Sachenrechts (1)

Trennungsprinzip

Schuldrechtliche Verpflichtung (Kaufvertrag) und **sachenrechtliche Verfügung** (Rechtsgeschäft, das auf ein bestehendes Recht unmittelbar einwirkt; Fallgruppen: Aufhebung, Übertragung, Belastung, Inhaltsänderung. Übereignung der Kaufsache und Übereignung des Kaufpreises in Form von Scheinen und Münzen) erfolgen in getrennten Rechtsgeschäften.

Abstraktionsprinzip

Die rechtlich getrennten Rechtsgeschäfte sind auch **rechtlich voneinander unabhängig**, d.h.:

- Fehler des Verpflichtungsgeschäftes wirken sich auf das Verfügungsgeschäft nicht aus.
- Fehler des Verfügungsgeschäftes wirken sich auf das Verpflichtungsgeschäft nicht aus.
- Gleichwohl können beide Geschäfte nichtig sein. Leiden sie unter demselben Mangel (Beide Geschäfte verstoßen gegen § 134), spricht man von **Fehleridentität**.

Absolutheit

- Ansprüche aus gesetzlichen oder vertraglichen Verhältnissen (z.B. auf Herausgabe) wirken gem. § 241 nur dem Schuldner gegenüber **(Relativität der Schuldverhältnisse)**, während dingliche Rechtspositionen gegen jedermann **(absolut)** wirken (Der Eigentümer kann von jedem unrechtmäßigen Besitzer gem. § 985 Herausgabe verlangen).
- Diese starke Wirkung gebietet einen **erhöhten Schutz des Rechtsverkehrs**, um **Rechtssicherheit** zu gewährleisten. Er wird durch die nachfolgenden Prinzipien (2) sichergestellt.

Grundprinzipien des Sachenrechts (2)

Numerus clausus der Sachenrechte und Typenzwang

Art der Berechtigung und ihre **Ausgestaltung** müssen gesetzlich feststehen.

- Es können durch Vereinbarung keine neuen (absolut wirkenden) dinglichen Rechte geschaffen werden **(numerus clausus)**.
- Die gesetzlichen Regeln zur Begründung und Ausgestaltung eines dinglichen Rechts sind nicht disponibel **(Typenzwang)**.

Publizitätsprinzip (Offenkundigkeitsprinzip)

Die Bestellung und Übertragung dinglicher Rechte muss **nach außen erkennbar** sein.

- Bei **beweglichen Sachen** wird die Publizität meist an den Besitz geknüpft, vgl. §§ 932 ff. und § 1006 (zu den anderen Besitzfunktionen vgl. 🗗 8).
- Bei **Grundstücken** kommt dem Grundbuch die Publizitätsfunktion zu, vgl. §§ 891, 892.

Bestimmtheitsgrundsatz (Spezialitätsgrundsatz)

Im Schuldrecht genügt die Bestimmbarkeit der Leistung/Gegenleistung (vgl. §§ 315 ff.). Im Sachenrecht muss die Sache, über die verfügt werden soll, eindeutig bestimmt sein.

➲ Bestimmtheit setzt voraus, dass der Gegenstand, an dem sich die Rechtsänderung vollziehen soll, im **Zeitpunkt der von den Beteiligten vorgestellten Vollendung des Rechtserwerbs allein anhand der Einigung über die Verfügung durch einen Dritten bestimmt werden kann**.

🔍 🗗 45

Überblick

Die Regelungen des Sachenrechts

Entstehen und Änderung der Rechte an **beweglichen Sachen**

- Eigentumserwerb vom Berechtigten, §§ 929 ff.
  🗗 17–27
- Eigentumserwerb vom Nichtberechtigten, §§ 932 ff.
  🗗 28–36
- Eigentumserwerb durch Gesetz, §§ 946–984, oder Hoheitsakt
  🗗 37–44
- Sicherungsübereignung, §§ 929 S. 1, 930
  🗗 45–48
- Anwartschaftsrecht, §§ 158, 929 ff.
  🗗 49–57
- Pfandrechte, §§ 1204–1296
  🗗 58–63

Entstehen und Änderung der Rechte **an Grundstücken**

- Eigentumserwerb vom Berechtigten, §§ 873, 925
  🗗 64
- Eigentumserwerb vom Nichtberechtigten, §§ 892, 893
  🗗 65–69
- Eigentumserwerb durch Gesetz, §§ 946–984, oder Hoheitsakt
  🗗 37–44
- Hypothek, §§ 1113 ff.
  🗗 76–89
- Grundschuld, §§ 1191 ff.
  🗗 90–97
- Vormerkung, §§ 883 ff.
  🗗 71–75

Allgemeine Regeln

- Besitz, §§ 854–872
  🗗 7–15
- Herausgabe/EBV, §§ 985–1003
  🗗 98–101 / 103–116
- Eigentumsstörungen, §§ 1004 ff.
  🗗 117–121

Grundlagen

- Sachenrechtsgrundsätze
  🗗 1, 2
- Sache/Bestandteil/Zubehör, §§ 90 ff.
  🗗 4–6

Sachen

Sachen, § 90

- Alle **körperlichen Gegenstände**, also alles, was sinnlich wahrnehmbar und räumlich abgegrenzt ist.

Nicht: Strom und fließendes Wasser (keine räumliche Abgrenzung); der Körper des lebenden Menschen nebst Implantaten nach Implantation; unkörperliche Gegentände wie Forderungen und Rechte

Bewegliche Sachen

- Alle Sachen, die einer **Ortsveränderung zugänglich** und nicht unselbstständiger Teil eines Grundstücks sind

⚠ **Tiere** sind gem. § 90 a S. 1 u. 3 zwar keine Sachen, stehen diesen aber weitgehend gleich, da die Vorschriften über Sachen entsprechend anwendbar sind.

- Zu einer Sache gehören ihre **wesentlichen Bestandteile** (§ 93), 5.

Unterarten:

- **Vertretbare Sachen** (§ 91) werden im Verkehr nach Zahl, Maß oder Gewicht bestimmt.
- Bei **verbrauchbaren Sachen** (§ 92) besteht der bestimmungsgemäße Gebrauch gerade im Verbrauch oder der Veräußerung (Sachen in Warenlager daher gem. § 92 II immer verbrauchbar).

Grundstücke

- Katastermäßig vermessener und bezeichneter **Teil der Erdoberfläche**, der im Grundbuch als Grundstück geführt wird
- Zu einem Grundstück gehören seine **wesentlichen Bestandteile** (§§ 93, 94), insbes. die Gebäude nebst zur Herstellung eingebauter Sachen und die noch ungetrennten Erzeugnisse.
- Nicht zum Grundstück gehören allerdings **Scheinbestandteile** (§ 95), unabhängig davon, ob sie wesentlich sind oder nicht.
- Auch nicht zum Grundstück gehört **Zubehör** (§ 97).
- Zu Einzelheiten 5

Bestandteile (1) – Voraussetzungen

Bewegliche Sachen

(Einfache) Bestandteile

➲ Alle Stücke einer Sache, die nach der Verkehrsanschauung Teile einer einheitlichen Sache sind

🔍 Bestandteile eines Kfz: Schrauben, Schläuche, Motor und Reifen

Wesentliche Bestandteile, § 93

Wesentlich ist ein Bestandteil, wenn durch die Abtrennung der zurückbleibende oder der abgetrennte Teil **zerstört** (➲ Veränderung der bisherigen körperlichen Beschaffenheit) oder **in seinem Wesen verändert** (➲ Die eine oder andere Sache ist nach Trennung nicht mehr wie vor Zusammenfügung benutzbar) wird.

⚠ Es kommt nicht auf die **Funktionsfähigkeit** der Gesamtsache, sondern auf die **der einzelnen Teile** an.

🔍 Der Motor eines Kfz kann ausgebaut werden, ohne dass er oder die Karosserie seinem Wesen nach verändert werden. Wesentlicher Bestandteil (–)

🔍 Der festgelötete Prozessor eines Smartphones wird beim Ausbau zerstört. Wesentlicher Bestandteil (+)

Grundstücke

(Einfache) Bestandteile

- wie bei beweglichen Sachen
- **Erweiterung gem. § 96** um Rechte, die mit dem Eigentum an einem Grundstück verbunden sind

Wesentliche Bestandteile, §§ 93, 94

- wie bei beweglichen Sachen (§ 93)
- **Erweiterung durch § 94:**
  - Gem. § 94 I mit dem **Boden fest verbundene** Sachen (insbes. **Gebäude** und **nicht getrennte Erzeugnisse**)
  - Als **wesentliche Bestandteile eines Gebäudes** (und damit des Grundstücks) gelten gem. § 94 II auch die zu seiner Herstellung eingefügten Sachen (⚠ Feste Verbindung – anders als nach § 94 I – nicht erforderlich).

Scheinbestandteile, § 95

Keine (wesentlichen) Bestandteile liegen vor, wenn

- Verbindung nach dem Willen der Beteiligten nur **vorübergehend** (weil so beabsichtigt oder nach Natur des Einfügungszwecks [🔍 Tribüne für Karnevalsumzug]) oder
- Verbindung durch schuldrechtl. (🔍 Mieter, § 539 II) oder dinglich **Nutzungsberechtigten** vorgenommen wird.

Zubehör, §§ 97, 98

Bewegliche Sache, die **kein Bestandteil** ist u. **wirtschaftlichem Zweck** der Hauptsache (Grundstück o. bewegliche Sache) nach der Verkehrsanschauung nicht nur vorübergehend dient (Klarstellung durch § 98 für Betriebsgebäude und Landgüter).

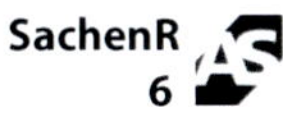

Bestandteile (2) – Rechtsfolgen

- **(Einfache) Bestandteile** können Gegenstand besonderer Rechte sein – arg. ex § 93

  Eigentumsvorbehalt an dem Motor eines Kfz

  – **Übereignung gem. §§ 929 ff.**, 17 ff., und ggf. gutgläubiger Erwerb gem. §§ 932 ff., 28 ff.

  – Teilen grds. das **Schicksal der Hauptsache** (entsprechende Anwendung der Regeln über Zubehör [s.u.], da wirtschaftliche Einheit mit Hauptsache). **Sonderregelung** ist aber **möglich**.

    Der Kaufvertrag über ein Kfz bezieht sich grds. auch auf den Motor, vorbehaltlich Sonderregelung.

- **Wesentliche Bestandteile** können nicht Gegenstand besonderer Rechte sein, § 93 **(keine Sonderrechtsfähigkeit)**. Keine separate Übereignung möglich; teilen das rechtliche Schicksal der Hauptsache.

- **Zubehör** (kann Gegenstand besonderer Rechte sein)

  – **Übereignung gem. §§ 929 ff.** und **gutgläubiger Erwerb gem. §§ 932 ff.**

  – Besonderheit: „Im Zweifel“ (= Auslegungsregel) erstreckt sich

    -- gem. **§ 311 c** das **Verpflichtungsgeschäft** zur Veräußerung oder Belastung einer Sache und

    -- gem. **§ 926 I 2** das **Verfügungsgeschäft** über ein Grundstück

    auch auf das Zubehör.

  – Erstreckt sich das Verfügungsgeschäft auf das Zubehör, **geht das Eigentum gem. § 926 I 1 mit dem Eigentum an der Hauptsache über**.

    Das Eigentum an Grundstückszubehör geht daher über, sobald das Eigentum an dem Grundstück durch Eintragung im Grundbuch übergeht, ohne dass es einer Übergabe der Zubehörstücke bedürfte.

  – Geht das Eigentum am Zubehör gem. § 926 I 1 über, kommt ein **gutgläubiger lastenfreier Erwerb** des Zubehörs gem. §§ 932 ff., 936 **erst bei Erlangung des Besitzes** am Zubehör in Betracht (§ 926 II).

  – Zubehör, das dem Grundstückseigentümer gehört, fällt gem. § 1120 in Haftungsverband der Hypothek, 88.

    ⚠ Eine Versteigerung erstreckt sich gem. § 55 II ZVG gleichwohl auch auf fremdes Zubehör, wenn der Eigentümer seine Rechte nicht nach § 37 Nr. 5 ZVG geltend macht.

Besitz (1)

➲ Besitzer ist gemäß § 854 I, wer nach der **Verkehrsanschauung** die **tatsächliche Gewalt über eine Sache** ausübt oder für sich ausüben lässt.

- Besitz kann nur an **beweglichen oder unbeweglichen Sachen** (§ 90) ausgeübt werden, 🗗 4.
- Besitzer kann jede **natürliche oder juristische Person** sein.
- Für **juristische Personen** üben die **Organe** die tatsächliche Gewalt aus (Organbesitz).
- Im Übrigen kann nur ein **Besitzdiener**, 🗗 10, oder ein **Besitzmittler**, 🗗 12, die tatsächliche Sachherrschaft für einen anderen ausüben.

⚠ Eine Vertretung gem. §§ 164 ff. in der Besitzausübung ist nicht möglich, da sie ein **Realakt** ist.

Arten des Besitzes

Unmittelbarer Besitz, §§ 854 I, 854 II, 855	⟷	Mittelbarer Besitz § 868	Zum unmittelbaren Besitz 🗗 9–11 Zum mittelbaren Besitz 🗗 12
Eigenbesitz, § 872	⟷	Fremdbesitz	➲ Fremdbesitzer ist, wer eine Sache in Anerkennung fremden Eigentums besitzt.
Alleinbesitz	⟷	Mitbesitz, § 866	
Besitz der ganzen Sache	⟷	Teilbesitz, § 865	
Fehlerhafter Besitz, § 858 II	⟷	Nicht fehlerhafter Besitz	Zur verbotenen Eigenmacht 🗗 13
Rechtmäßiger Besitz(er)	⟷	Unrechtmäßiger Besitz(er)	Zum Eigentumsherausgabeanspruch und zum EBV 🗗 98–101 / 103–116

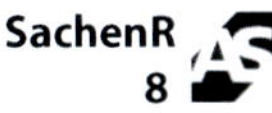

Besitz (2)

Relevanz des Besitzes im …

Schuldrecht

- Gegenstand einer **schuldrechtlichen Verpflichtung (Besitzverschaffung)**
  - § 433 I 1 Var. 1
  - § 535 I 1
  - § 598
- **Obligatorische Rechte des Mieters und Pächters** wirken gem. § 566 (i.V.m. § 578 I u. § 581 II) auch gegen Erwerber des Grundstücks, wenn der obligatorisch Berechtigte im Zeitpunkt des Erwerbs im Besitz der Sache war.

Sachenrecht

- Der Besitz als solches ist durch die §§ 854 ff. geschützt **(Besitzschutz)**.
- Gemäß § 1006 wird bei beweglichen Sachen vermutet, dass der Besitzer Eigenbesitz sowie unbedingtes Eigentum erwarb und während seiner Besitzzeit nicht wieder verloren hat (**Eigentumsvermutung**, 🗗 102).
- Daraus folgt die **Publizitätsfunktion** für die Übereignung beweglicher Sachen:
  - Die durch eine Einigung angestrebte Übereignung einer Sache muss durch Besitzübertragung offenkundig werden (§§ 929–931) = **Übertragungswirkung**.
  - Fehlt dem Veräußerer die Berechtigung, so ist trotzdem Eigentumserwerb möglich, wenn sich der Gutgläubige auf den durch den Besitz vermittelten **Rechtsschein** verlassen kann (§§ 932–934).
- Hat der unmittelbare Besitzer den Besitz an einer beweglichen Sache unfreiwillig verloren, schützt die **Sicherungswirkung** des Besitzes den Eigentümer vor Eigentumsverlust durch gutgläubigen Erwerb, § 935 I.

⚠ Bei Grundstücken ist der Rechtsscheinträger nicht der Besitz, sondern das Grundbuch, §§ 891, 892.

- Der gutgläubige Eigenbesitzer einer beweglichen Sache erwirbt nach 10 Jahren kraft Gesetzes (§ 937), der gutgläubige Eigenbesitzer eines Grundstücks erwirbt nach 30 Jahren im Wege des Aufgebotsverfahrens (§ 927) das Eigentum, **Ersitzungswirkung**.

Deliktsrecht

- (Rechtmäßiger) Besitz ist „sonstiges Recht" i.S.v. § 823 I.

Bereicherungsrecht

- Besitz ist erlangtes „Etwas" i.S.v. § 812 I 1.

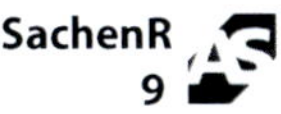

Besitz (3) – Erwerb und Verlust

Erwerb des unmittelbaren Besitzes

Erwerb gem. § 854 I durch Erlangung der Sachherrschaft

- Der unmittelbare Besitz kann durch **willentliche Übertragung** des bisherigen Besitzers (abgeleiteter oder derivativer Erwerb; Zweiterwerb) oder durch **einseitige Ausübung der tatsächlichen Gewalt** über die Sache (originärer Erwerb; Ersterwerb) erworben werden.
- In beiden Fällen ist erforderlich, dass der Erwerber **nach der Verkehrsanschauung die tatsächliche Sachherrschaft** ausübt:
  - **Räumliche Beziehung** zwischen Erwerber und Sache, die ein Einwirken auf die Sache erlaubt.

    Gelangen in den Herrschaftsbereich des Erwerbers; in sein Haus oder auf sein Grundstück genügt.
  - Die räumliche Beziehung muss **von gewisser Dauer** sein (arg. ex § 856 II).

    Wer eine Sache nur berührt oder in einem Kaufhaus zur Prüfung in die Hand nimmt, erlangt noch keinen Besitz.
  - Der Erwerber muss **Besitzwillen** (natürlichen Willen zur tatsächlichen Beherrschung einer Sache) haben.

    Besitzwille ist kein rechtsgeschäftlicher, sondern ein **natürlicher Wille**. Auch ein nicht voll Geschäftsfähiger kann daher bei erforderlicher Einsichtsfähigkeit Besitz erwerben und übertragen. Stellvertretung ist hingegen folglich nicht möglich.

    Der **generelle Beherrschungswille** erstreckt sich auf alle Sachen, die sich im Herrschaftsbereich befinden, egal ob der Erwerber von der konkreten Sache weiß (Besitz des Kinobetreibers an verlorenen Sachen; Besitz des Empfängers an der in seinen Briefkasten eingeworfenen Post).

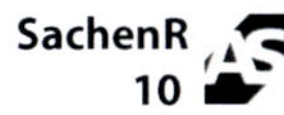

Besitz (4) – Erwerb und Verlust

Erwerb des unmittelbaren Besitzes (Fortsetzung)

Erwerb gem. § 854 II durch Einigung

Geschlagenes Holz, das im Wald am Wegesrand liegt.

Besitz an einer Sache, die sich nach der Verkehrsanschauung im Besitz einer anderen Person befindet, aber allgemein zugänglich ist, kann durch **rechtsgeschäftliche Einigung** mit dieser Person erworben werden:

1. Rechtsgeschäftliche Einigung über den Übergang des Besitzes
   Die §§ 104 ff. (insbes. §§ 164 ff.) sind – anders als bei § 854 I – anwendbar.
2. Erwerber muss in der Lage sein, die Sachherrschaft auszuüben.
3. Bisheriger Besitzer muss Sachherrschaft erkennbar aufgeben.

Erwerb gem. § 855 durch Sachherrschaft eines Besitzdieners

Besitzdiener ist, wer im Rahmen eines **sozialen** und nicht bloß wirtschaftlichen **Abhängigkeitsverhältnisses** die tatsächliche Gewalt über eine Sache ausübt.

Wichtiges Kriterium: **Weisungsgebundenheit**

Besitzdiener sind: Haushaltshilfe, Mitarbeiter, Angestellte (auch Prokuristen), minderjährige Kinder; **keine Besitzdiener sind:** Organe (aber: Organbesitz), Ehegatten oder Lebensgefährten, erwachsene Familienmitglieder.

Übt ein Besitzdiener die Sachherrschaft aus, ist **nur der Geschäftsherr unmittelbarer Besitzer**.

Erwerb gem. § 857 im Wege der Gesamtrechtsnachfolge

- Erbe rückt in **besitzrechtliche Position des Erblassers** ein, auch wenn er selbst keine tatsächliche Sachherrschaft erlangt. Aus § 1922 folgt das nicht, denn dieser erfasst nur Rechte und nicht tatsächliche Positionen.
- **Kenntnis** vom Erbfall, der Erbenstellung oder den vorhandenen Sachen ist **nicht erforderlich**.

Gem. § 857 kann es zu einem Besitz ohne jede Sachherrschaft kommen.

Besitz (5) – Erwerb und Verlust

Verlust des unmittelbaren Besitzes

Verlust gem. § 856 I durch dauerhafte Aufgabe der tatsächlichen Gewalt

Besitz wird beendet durch:

- **Gewahrsamsaufgabe:** nach außen erkennbare Aufgabehandlung und Besitzaufgabewille erforderlich oder
- **In anderer Weise:** Gewahrsamsentziehung, Verlust der Sache; auch gegen den Willen des Besitzers.

⚠ Kein Besitzverlust bei nur vorübergehender Entfernung, § 856 II. 🔍 Parken eines Pkw

Verlust des Besitzes gem. § 855 bei Sachherrschaft eines Besitzdieners

- Bei **Verlust der tatsächlichen Sachherrschaft des Besitzdieners** verliert Geschäftsherr den Besitz.
- Besitz des Geschäftsherrn endet auch, wenn Besitzdiener **eigenen Besitzwillen** erkennbar nach außen **betätigt**.

  🔍 Chauffeur, der eine kleine private Spritztour unternimmt, bleibt trotzdem Besitzdiener. Chauffeur, der das dem Geschäftsherrn gehörende Auto zum Kauf anbietet, begründet eigenen Besitz gem. § 854 I.

  ⚠ Vormaliger Besitzdiener übt dann **verbotene Eigenmacht**, 🗗 13; außerdem kommt die Sache dem Besitzer **abhanden i.S.v. § 935** und zwar auch, wenn vormaliger Besitzdiener die Sache willentlich weggibt, 🗗 35 f.

Verlust des Besitzes gem. § 857 durch Wegfall der Erbenstellung

- Ausschlagung der Erbschaft, § 1953
- Anfechtung, §§ 1957, 2078 ff.
- Erbunwürdigerklärung, § 2344

Besitz (6) – Erwerb und Verlust

Mittelbarer Besitz

Erwerb, § 868, durch Begründung eines Besitzmittlungsverhältnisses (= Besitzkonstitut; BMV)

1. **Unmittelbarer Besitz des Besitzmittlers** (gem. § 871 auch gestufter mittelbarer Besitz möglich; jedenfalls der letzte Besitzmittler muss unmittelbaren Besitz, 9 ff., haben).
2. (Vermeintliches) **Rechtsverhältnis i.S.v. § 868** zwischen Besitzmittler und mittelbarem Besitzer
   „Vermeintlich", weil es auf Wirksamkeit des Rechtsverhältnisses nicht ankommt. Ausreichend und erforderlich ist, dass der Besitzmittler von der Wirksamkeit ausgeht.
   - Gesetzlich **benannte Rechtsverhältnisse:** Nießbrauch, Pfandrecht, Pacht, Miete, Verwahrung
   - Ähnliche Rechtsverhältnisse müssen ein **Besitzrecht** i.S.v. § 986, 99, begründen und einen **Herausgabeanspruch** beinhalten (nicht ausreichend ist abstraktes BMV).
     Vertraglich: Leasing; Sicherungsabrede; Kaufvertrag, wenn Eigentumsvorbehalt gewollt
     Außervertraglich: GoA, Sorgerecht der Eltern gegenüber Kind (§ 1626), eheliche Lebensgemeinschaft.
3. Mittelbarer Besitzer muss einen **wirksamen Herausgabeanspruch** gegen Besitzmittler haben.
   - Bei Unwirksamkeit des Rechtsverhältnisses reicht Herausgabeanspruch aus § 985 oder § 812.
   - Auch künftiger oder bedingter Herausgabeanspruch ist ausreichend.
     Herausgabeanspruch des Vermieters aus § 546 entsteht mit Beendigung des Mietvertrages.
4. Unmittelbarer Besitzer muss **Fremdbesitzerwillen** haben und erkennbar zum Ausdruck bringen (§ 868 „als").
   Nach h.M. kann Besitzmittler nicht gleichzeitig zwei verschiedenen Personen Besitz mitteln (sog. **gleichstufiger mittelbarer Nebenbesitz**). Vielmehr ist ausschließlich derjenige mittelbarer Besitzer, mit dem zuletzt das BMV begründet wurde. Siehe zur Relevanz bei gutgläubigem Erwerb 32.

Verlust des mittelbaren Besitzes

Der mittelbare Besitz endet, wenn eine seiner Voraussetzungen entfällt.

Besitz (7) – Besitzschutz

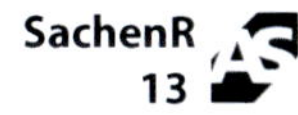

Deliktsrecht	Bereicherungsrecht	Sachenrecht		Vollstreckungsrecht
		Selbsthilferecht	**Ansprüche**	
Bei Verletzung Schadensersatz gem. ▪ § 823 I ▪ § 823 II i.V.m. § 858	Besitz ist erlangtes „Etwas" i.S.v. § 812 I 1	▪ § 859 (unm. Besitzer) ▪ § 860 (Besitzdiener) ▪ §§ 859, 860 analog (mittelb. Besitzer, str.)	▪ § 861 (Herausgabe) ▪ § 862 (Unterlassung) ▪ § 1007 (Herausgabe)	Schutz in der Vollstreckung: ▪ § 771 ZPO ▪ § 47 InsO

„Possessorisch" = Aus dem Besitz abgeleitet / „Petitorisch" = Aus dem Recht zum Besitz (z.B. Eigentum) abgeleitet

Possessorische Besitzansprüche

Herausgabe bei Besitzentzug, § 861

1. Anspruchsteller = **Ehemaliger Besitzer** (auch mittelbarer Besitzer, § 869 S. 1)
2. Anspruchsgegner = **Fehlerhafter Besitzer**
   a) § 858 II 1: Gegenwärtiger Besitzer hat Besitz selbst durch **verbotene Eigenmacht** entzogen.
   b) § 858 II 2: Besitznachfolger des Entziehenden, wenn Erbe oder bei Kenntnis der Fehlerhaftigkeit des Besitzes
3. Kein Ausschluss des Anspruchs
   a) Erlaubte Besitz**kehr**, § 859 II und III, 15
   b) Entzogener Besitz war fehlerhaft, **§§ 861 II, 858 II 1**
   c) Erlöschen **ein Jahr nach Verüben** der verbotenen Eigenmacht, § 864
   d) **Andere Einwendungen sind ausgeschlossen, § 863.**

Unterlassung/Beseitigg. b. Besitzstörung, § 862

1. Anspruchsteller = **Besitzer** (auch mittelbarer Besitzer, § 869 S. 1)
2. Anspruchsgegner = **Störer**
   Besitzstörung durch **verbotene Eigenmacht** (Entzug oder Störung des unmittelbaren Besitzes, ohne dass das Gesetz dies gestattet, § 858 I)
3. Kein Ausschluss des Anspruchs
   a) Erlaubte Besitz**wehr**, § 859 I, 15
   b) Besitzer besitzt dem Störer gegenüber selbst fehlerhaft, **§§ 862 II, 858 II 1.**
   c) Erlöschen **ein Jahr nach Verüben** der verbotenen Eigenmacht, § 864
   d) **Andere Einwendungen sind ausgeschlossen, § 863.**

Andere Einwendungen können aber mittels **petitorischer Widerklage** (ZPO) in den Prozess eingeführt werden.

Besitz (8) – Besitzschutz

Petitorische Besitzschutzansprüche

Bösgläubiger Besitzer, § 1007 I und III

1. **Anspruchsvoraussetzungen**, § 1007 I
   a) Anspruchsteller = früherer Besitzer
   b) Anspruchsgegner = gegenwärtiger Besitzer
   c) Anspruchsgegner im Zeitpunkt des Besitzerwerbs **bösgläubig in Bezug auf sein fehlendes Besitzrecht** (gem. § 932 II analog Kenntnis oder grob fahrlässige Unkenntnis, 33 f.)

   Bezugspunkt des guten Glaubens ist beim Eigentumserwerb nach §§ 929 ff., 932 ff. ausschließlich das Eigentum, bei § 1007 I jedes Besitzrecht (u.a. das Eigentum)

Abhandenkommen, § 1007 II und III

1. **Anspruchsvoraussetzungen**, § 1007 II
   a) Anspruchsteller = früherer Besitzer
   b) Anspruchsgegner = gegenwärtiger Besitzer
   c) Anspruchsteller ist die Sache **gestohlen worden, verloren gegangen oder sonst abhanden gekommen**.
   d) Anspruchsgegner ist nicht Eigentümer (überflüssig, vgl. 2 c)).
   e) Sache ist Anspruchsgegner vor Besitzzeit des Anspruchstellers nicht **selbst** abhanden gekommen.

2. **Ausschlussgründe, § 1007 III**
   a) **Anspruchsteller** war selbst bei Besitzerwerb **bösgläubig**.
   b) **Anspruchsteller** hatte **Besitz freiwillig aufgegeben**.
   c) Gem. § 1007 III i.V.m. § 986 ist der Anspruch ferner ausgeschlossen, wenn der **gegenwärtige Besitzer ein Recht zum Besitz** hat. Ein solches ist **auch das Eigentum** als stärkstes Recht selbst (daher § 1007 II 1 Hs. 2 Var. 1 überflüssig).

Die **Bedeutung des § 1007** in der Praxis ist gering: Die §§ 985, 861, 823 sind vorrangig zu prüfen. Oft ist im Falle des § 1007 I auch ein Anspruch gem. § 861 gegeben und im Falle des § 1007 II ein Anspruch aus § 985. Die Voraussetzungen des § 985 sind wegen der Eigentumsvermutung (§ 1006) einfacher zu beweisen und der positive Beweis der Bösgläubigkeit bei § 1007 I ist schwierig. **In einem Gutachten** sollte man § 1007 aber in jedem Fall **kurz** erwähnen.

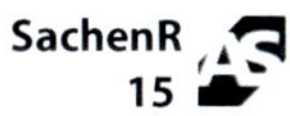

Besitz (9) – Besitzschutz

Selbsthilferechte

Besitzkehr, § 859 II und III

1. **Besitzentziehung** durch verbotene Eigenmacht, § 858 I
2. Abwehrbefugt sind ehemaliger **Besitzer** (§ 859), ehemaliger **Besitzdiener** (§ 855) und (str.) der ehemalige **mittelbare Besitzer**.
3. **Wiederinbesitznahme**
   a) bei Entziehung **beweglicher Sachen**, § 859 II nur, wenn
      – Täter auf frischer Tat betroffen oder
      – Täter unmittelbar verfolgt (Nacheile)
   b) bei Entziehung von Grundstücken, § 859 III nur durch sofortige „Entsetzung" des Täters

   Wird ein Kfz **auf** (nicht: vor) fremdem Grundstück geparkt, liegt darin eine Teilbesitzentziehung am Grundstück. Eine „sofortige" Entsetzung (durch Wegschleppen auf die Straße) erfordert nicht, dass „der Motor noch warm ist", sondern kann u.U. auch noch am nächsten Tag erfolgen. Das Blockieren der Ausfahrt beseitigt hingegen die Störung nicht, sodass dies unzulässig und ggf. selbst eine Besitzstörung an dem Kfz ist.

Besitzwehr, § 859 I

1. **Drohende Besitzentziehung** oder **drohende/andauernde Besitzstörung** durch verbotene Eigenmacht, § 858 I

   ⚠ Es darf (noch) nicht zu einer Besitzentziehung gekommen sein, denn dann steht dem ehemaligen Besitzer nur das Recht zur Besitzkehr gem. § 859 II und III zu.
2. Abwehrbefugt sind **Besitzer** (§ 859) und **Besitzdiener** (§ 855) und (str.) der **mittelbare Besitzer**.
3. Abwehr darf gegen denjenigen geübt werden, der **selbst die verbotene Eigenmacht verübt** und gegen denjenigen, der die **Fehlerhaftigkeit des Besitzes gegen sich gelten lassen muss**, § 859 IV (Besitznachfolger, wenn **Erbe** oder bei **Kenntnis der Fehlerhaftigkeit** des Besitzes, § 858 II 2).
4. Abwehr durch **Gewalt**, die das erforderliche Maß nicht überschreiten darf

   ⚠ Anders als nach §§ 229, 230 ist allerdings nicht erforderlich, dass es unmöglich ist, rechtzeitig polizeilichen oder gerichtlichen Schutz zu erlangen.

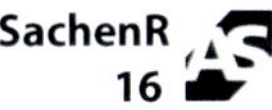

Eigentum

Eigentum (Vollrecht)

Grds. unbeschränkte Nutzung, § 903, aber Beschränkungen (i.S.d. Art. 14 I 2 GG) durch weitere an der Sache Berechtigte

Nutzungsrechte (Früchte und Gebrauchsvorteile, § 100)

- **Nießbrauch**, § 1030

  Volles Nutzungsrecht, nicht vererblich und nicht übertragbar

- **Grunddienstbarkeit**, § 1018

  Beschränktes Nutzungsrecht an einem Grundstück zugunsten eines anderen Grundstücks

- **Beschränkt persönliche Dienstbarkeit**, § 1090

  Beschränktes Nutzungsrecht an einem Grundstück zugunsten einer bestimmten Person

Sicherungs- und Verwertungsrechte

Grundstück

- **Hypothek**, § 1113
  Sicherung des Gläubigers einer Geldforderung durch Verwertungsrecht, ⧉ 76 ff.
- **Grundschuld**, § 1191
  wie Hypothek, aber Forderung entbehrlich, ⧉ 90 ff.
- **Reallast**, § 1105
  Recht auf wiederkehrende Leistungen aus einem Grundstück zugunsten einer Person oder eines anderen Grundstücks

Bewegliche Sache

- **Pfandrechte**, §§ 1204 ff.
  Sicherung des Gläubigers einer Geldforderung durch Verwertungsrecht an einer beweglichen Sache, ⧉ 58 ff.
- **Nießbrauch**, § 1030
- **Sicherungsübereignung**, §§ 929 ff., ⧉ 45 ff.
- **Eigentumsvorbehalt**, ⧉ 49 ff.

Erwerbsrechte

- **Dingliches Vorkaufsrecht**, § 1094

  Wie schuldrechtliches Vorkaufsrecht (siehe rechts), aber mit absoluter Wirkung gegenüber jedermann; kann zugunsten einer Person oder eines Grundstücks bestehen

- **Vormerkung**, § 883

  Sicherung des Anspruchs auf dingliche Rechtsänderung an einem Grundstück, ⧉ 71 ff.

Schuldrechtlich Berechtigte

- **Miete**, § 535
- **Leihe**, § 598
- **Pacht**, § 581
- **Schuldrechtliches Vorkaufsrecht**, §§ 463 ff.

  Befugnis gegenüber dem Verpflichteten, einen Gegenstand zu erwerben, wenn der Vorkaufsverpflichtete diesen an einen Dritten verkauft

- **Ankaufsrecht**

  Befugnis, durch einseitige Erklärung, einen Kaufvertrag über einen Gegenstand zustande zu bringen; Sonderfall: Wiederkaufsrecht, §§ 457 ff.

Übereignung beweglicher Sachen (1)

Übereignung beweglicher Sachen durch den Berechtigten, §§ 929 ff.

A. Einigung und Einigsein im Zeitpunkt von „B." **(kein Widerruf)**, 18, 19

B. Übergabe oder Übergabesurrogat, 20–24

- Übergabe gem. § 929 S. 1, 20 f.
- Übergabe „kurzer Hand" gem. § 929 S. 2, 22
- Vereinbarung eines Besitzkonstitutes gem. § 930, 23
- Abtretung des Herausgabeanspruchs, § 931, 24

C. Berechtigung des Veräußerers, 25

- Verfügungsbefugter Eigentümer
- Nichteigentümer, dem ein gesetzliches Verfügungsrecht zusteht
- Nichteigentümer, dem der Berechtigte durch Einwilligung gem. § 185 I ein Verfügungsrecht eingeräumt hat

Übereignung beweglicher Sachen (2) – Einigung

Inhalt

- Veräußerer muss **Eigentumsübertragungswillen** zum Ausdruck bringen
- Erwerber muss **Eigentumserwerbswillen** zum Ausdruck bringen
- **Bestimmtheitsgrundsatz:** Nach dem Inhalt der Einigung muss feststehen, an welchen Sachen sich im Zeitpunkt der Vollendung des Rechtserwerbs der Eigentumswechsel vollziehen soll, ⧉ 2.

Zustandekommen

- Abgabe und Zugang (§ 130, Ausn.: § 151) der Willenserklärungen
- Konkludente Einigung möglich
- Stellvertretung möglich, §§ 164 ff., ⧉ 26 f.
- Bedingte oder befristete Einigung möglich, §§ 158, 163 (arg. ex § 925 II 🔎 Eigentumsvorbehalt gem. § 449 I, ⧉ 49 ff.)
- Keine Unwirksamkeit, insbes.:
  - Keine Form erforderlich, § 125 S. 1
  - Geschäftsfähigkeit, §§ 104 ff.
  - Anfechtung, §§ 142 I, 119 ff.
  - §§ 134, 138, 139, ⧉ 46

Einigsein (kein Widerruf)

- Einigung bis zur Übergabe/Übergabesurrogat frei widerruflich (arg. ex § 873 II bzw. § 956 I 2)
- Widerruf muss zugehen (Willenserklärung)

Übereignung beweglicher Sachen (3) – Einigung

Besonderheiten

1. Wirksamkeit antizipierter Einigungserklärung bei Tod des Veräußerers

- Einigungsangebot des Erblassers erlischt nach seinem Tode nicht, § 130 II.
- Annahme gem. § 153 auch nach dem Tod des Erblassers (durch Erklärung ggü. Erben) möglich.
- Soweit auf Zugang der Annahme verzichtet wurde, § 151, ist auch der Zugang beim Erben entbehrlich.
- Solange aber nicht alle Erwerbsvoraussetzungen erfüllt sind (z.B. Übergabe), kann Erbe die Einigung widerrufen (arg. ex § 873 II). Es fehlt dann das „Einigsein".

2. Wirksamkeit antizipierter Einigungserklärung bei nachträglicher Geschäftsunfähigkeit des Veräußerers

- Einigung bleibt nach h.M. bestehen, da auch Geschäftsunfähigkeit gem. § 130 II grds. keinen Einfluss auf die Wirksamkeit einer Willenserklärung hat, wenn der Erklärende nach Abgabe geschäftsunfähig wird.
- Allerdings kann gesetzlicher Vertreter bis zur Vollendung des Rechtserwerbs (durch Übergabe) die Einigung widerrufen (arg. ex § 873 II). Es fehlt dann das „Einigsein".

Übereignung beweglicher Sachen (4) – Übergabe

Die **Übergabe** gem. § 929 S. 1 setzt eine **Änderung der tatsächlichen Besitzverhältnisse** voraus:

A. **Besitzerwerb** auf Erwerberseite

B. Vollständiger **Besitzverlust** auf Veräußererseite

C. Auf **Veranlassung oder Duldung** des Veräußerers zum Zwecke der Eigentumsübertragung

ϟ ***Wechsel des unmittelbaren Besitzes*** *nach h.M.* ***nicht*** *erforderlich*

A. Besitzerwerb auf Erwerberseite

- Erwerber erlangt **unmittelbaren Besitz**, § 854 I, 🗗 9.
- Erwerber wird **unmittelbarer Besitzer durch Vereinbarung**, § 854 II, 🗗 10.
- Erwerber wird **mittelbarer Besitzer** durch BMV mit einem Dritten, § 868, 🗗 12.

  ⚠ Das BMV muss **zwischen Erwerber und Drittem**, welcher den unmittelbaren Besitz auf Veranlassung des Veräußerers erlangt hat, entstehen. (🔍 K erwirbt von V ein Wohnmobil und bittet V, direkt an M zu liefern, dem er es bereits vermietet hat. K erlangt mittelbaren Besitz bei Auslieferung an M, da zwischen ihm und M durch den Mietvertrag ein Besitzkonstitut besteht.)
  Bei Vereinbarung eines BMV zwischen **Erwerber und Veräußerer** kommt nur eine Übereignung nach §§ 929 S. 1, 930 in Betracht.
- **Besitzdiener des Erwerbers** (§ 855) erlangt tatsächliche Sachherrschaft, 🗗 10.
- **Geheißperson** des Erwerbers erlangt Besitz (➲ Jeder Dritte, der objektiv auf Geheiß des Erwerbers von dem Veräußerer den Besitz an der Sache erlangt, ohne selbst eine Besitzbeziehung zum Erwerber aufzuweisen).

⚠ Ein oder mehrere Besitzdiener, Besitzmittler und/oder Geheißperson(en) können auch „in Reihe geschaltet" werden.

Übereignung beweglicher Sachen (5) – Übergabe

B. Vollständiger Besitzverlust auf Veräußererseite

- **Veräußerer** oder mit seinem Einverständnis sein **Besitzdiener**, 11, gibt tatsächliche Sachherrschaft auf.
- **Besitzmittler**, 12, des Veräußerers **überträgt** seinen unmittelbaren Besitz.
- **Besitzmittler** des Veräußerers schließt mit Erwerber **neues BMV**, § 868, 12.

  Nach h.M. kann Besitzmittler nicht gleichzeitig zwei verschiedenen Personen Besitz mitteln (sog. **gleichstufiger mittelbarer Nebenbesitz**). Vielmehr ist ausschließlich derjenige mittelbarer Besitzer, mit dem zuletzt das BMV begründet wurde. Siehe zur Relevanz beim gutgläubigen Erwerb 32.

- **Geheißperson** des Veräußerers überträgt Besitz (Jeder Dritte, der objektiv auf Geheiß des Veräußerers an den Erwerber den Besitz an der Sache überträgt, ohne selbst eine Besitzbeziehung zum Veräußerer aufzuweisen).

  Bei Weiterverkauf einer Sache und unmittelbarer Lieferung des Erstverkäufers an den Letztkäufer (sog. Streckengeschäft, Durchlieferung oder abgekürzte Lieferung) erfolgen die Übereignungen meist entsprechend den jeweiligen Kaufverträgen. Verkauft V an K und dieser an D und liefert V auf Weisung des K direkt an D, dann ist bei der ersten Übereignung V-K der D Geheißperson des Erwerbers K und bei der zweiten Übereignung K-D der V Geheißperson des Veräußerers K.

Ein oder mehrere Besitzdiener, Besitzmittler und/oder Geheißperson(en) können auch „in Reihe geschaltet" werden.

C. Veranlassung oder Duldung des Veräußerers zum Zwecke der Eigentumsübertragung

- Veranlassung ist **tatsächlicher Natur**, d.h. §§ 164 ff. nicht anwendbar.
- Auch wenn auf Weisung des Veräußerers hin sein Besitzdiener, Besitzmittler oder eine Geheißperson den Besitz überträgt (**bei Scheingeheißperson**, wie auf 30).
- Auch bei **Wegnahmeermächtigung** (soweit bei Besitzergreifung Einverständnis noch vorliegt).
- Veranlassung muss zum Zwecke der Eigentumsübertragung erfolgen. Besitzerwerb **zur Miete oder Leihe genügt nicht**.

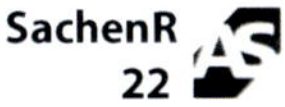

Übereignung beweglicher Sachen (6) – Übergabesurrogate

Folgende **Übergabesurrogate** können die Übergabe ersetzen:

- Die **Übergabe „kurzer Hand“** gem. § 929 S. 2
- Vereinbarung eines **BMV** gem. § 930
- **Abtretung eines Herausgabeanspruchs** gem. § 931

⚠ Die Surrogate des § 930 u. des § 931 erfordern **neben der Einigung über den Eigentumswechsel (§ 929 S. 1) eine weitere Einigung über ein BMV** (§§ 930, 868) **bzw. über eine Abtretung** (§§ 931, 398). Auch auf diese weitere Einigung finden die Regeln über Rechtsgeschäfte des BGB AT Anwendung.

§ 929 S. 2 erfordert hingegen nur die Einigung nach § 929 S. 1 und daneben den **bereits vorhandenen Besitz** des Erwerbers.

Übereignung „kurzer Hand“ gem. § 929 S. 2

A. Erwerber muss bereits im Besitz der Sache sein.

- **Von wem** und **wie** er den Besitz erlangt hat, ist **unerheblich** (darauf kommt es nur im Rahmen des gutgläubigen Erwerbs gem. § 932 I 2 an), 🗗 31.
- Auch **mittelbarer Besitz** des Erwerbers **genügt**, 🗗 12.

  💡 Zusammenspiel §§ 854 II, 929 S. 2: Bei § 929 S. 2 hat der Erwerber den Besitz vor der Einigung i.S.d. § 929 S. 1 bereits erlangt, z.B. nach § 854 II. Erfolgt hingegen die Einigung i.S.d. § 929 S. 1, bevor der Erwerber Besitz erlangt, so muss ihm noch der Besitz verschafft werden, z.B. nach § 854 II.

B. Veräußerer darf bei der Einigung keinerlei besitzrechtliche Position mehr haben.

- Ist der Veräußerer noch **unmittelbarer Besitzer** (auch nur Mitbesitzer), greift § 929 S. 2 nicht ein; erforderlich ist dann Übergabe i.S.v. § 929 S. 1.
- War der Veräußerer noch **mittelbarer Besitzer** und
  - der **Erwerber unmittelbarer Fremdbesitzer**, muss der Erwerber das BMV durch Änderung des Fremd- in Eigenbesitzerwillen beenden, 🗗 12.
  - ein **Dritter unmittelbarer Fremdbesitzer**, kommt als Übergabesurrogat nur Abschluss eines neuen BMV (§ 930) oder Abtretung des Herausgabeanspruchs (§ 931) in Betracht.

Übereignung beweglicher Sachen (7) – Übergabesurrogate

Vereinbarung eines Besitzkonstitutes, § 930

A. Veräußerer muss Besitzer sein. Auch mittelbarer Besitz oder Mitbesitz des Veräußerers genügt.

B. Vereinbarung eines BMV i.S.v. § 868 zwischen Veräußerer u. Erwerber, 12.

Sonderfälle:

1. **Antizipierte Einigung und antizipiertes Besitzkonstitut**

   Veräußerer ist zum Zeitpunkt der Einigung weder Eigentümer noch Besitzer. Veräußerer und Erwerber können sich bereits **antizipiert** sowohl über den **Eigentumsübergang** (§ 929 S. 1) als auch über das **Besitzkonstitut** (§ 930) einigen. Erwirbt nun Veräußerer die Sache, wird er für eine juristische Sekunde Eigentümer und das Eigentum geht dann gem. §§ 929 S. 1, 930 auf Erwerber über **(Durchgangserwerb)**.

   Möglichkeit des **Direkterwerbs** in den Fällen sog. **mittelbarer „Stellvertretung“**, 27

2. **Sicherungsübereignung**, 45–48.

3. **Gesetzliche Besitzmittlungsverhältnisse**

   - Können **nicht „vereinbart“** werden.

     GoA gem. §§ 677 ff., Sorgerecht der Eltern im Verhältnis zum Kind (§ 1626), eheliche Lebensgemeinschaft

   - Es **genügt** dann der **Parteiwille**, dass der Veräußerer aufgrund des gesetzlichen BMV Besitzmittler sein soll.

     Ehemann schenkt Ehefrau eine ihm gehörende und im gemeinsamen Wohnzimmer stehende Kommode (Übergabe gem. § 929 S. 1 scheidet aus, da Ehemann im Mitbesitz der Kommode bleibt. § 929 S. 2 scheidet aus, weil Ehemann bei Einigung bereits im Mitbesitz der Kommode ist.)

     Nach § 986 II analog kann der unmittelbare Besitzer dem erwerbenden (neuen) Eigentümer diejenigen Einwendungen entgegenhalten, die er gegen den veräußernden (alten) Eigentümer hat (99; 24).

Übereignung beweglicher Sachen (8) – Übergabesurrogate

Abtretung eines Herausgabeanspruchs, § 931

A. Dritter muss (unmittelbarer oder mittelbarer) Besitzer sein.

B. Abtretung (§ 398) eines Herausgabeanspruchs

- Veräußerer ist **mittelbarer Besitzer:** Abtretung des Anspruchs aus dem BMV, 🗗 12
- Veräußerer ist **nicht mittelbarer Besitzer**, hat aber einen **sonstigen Herausgabeanspruch** (§ 812, § 823 etc.): Abtretung des sonstigen Herausgabeanspruchs
- Veräußerer ist **nicht mittelbarer Besitzer** und hat **nur den Eigentumsherausgabeanspruch** (§ 985).
  - Anspruch aus § 985 kann nach h.M. nicht isoliert abgetreten werden, da untrennbar mit Eigentum verbunden.
  - Daher genügt ausnahmsweise die bloße Einigung über den Eigentumsübergang (arg. § 903 und § 986 II).

Nach § 986 II kann der unmittelbare Besitzer dem neuen Eigentümer diejenigen Einwendungen entgegen halten, die gegen den abgetretenen Anspruch bestanden (🗗 99).

Die drei möglichen Übereignungstatbestände im Fall mittelbaren Besitzes des Veräußerers

- Übergabe gem. **§ 929 S. 1** (vgl. 🗗 20 f.)

  Veräußerer beendet BMV mit unmittelbarem Besitzer. Erwerber und unmittelbarer Besitzer schließen auf Veranlassung des Veräußerers neues BMV. Nur nach h.M. möglich, da diese keinen Wechsel des unmittelbaren Besitzers fordert.
- Vereinbarung eines weiteren BMV zwischen Veräußerer und Erwerber, **§§ 929 S. 1, 930** (vgl. 🗗 23)

  Veräußerer lässt BMV mit unmittelbarem Besitzer bestehen und schließt neues BMV mit Erwerber (mehrstufiger mittelbarer Besitz, § 871: unmittelbarer Besitzer – Veräußerer – Erwerber).
- Abtretung eines Herausgabeanspruchs, **§§ 929 S.1, 931** (s.o.)

  Veräußerer tritt seinen Herausgabeanspruch gegen unmittelbaren Besitzer an den Erwerber ab.

Übereignung beweglicher Sachen (9) – Berechtigung

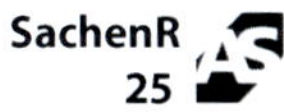

Berechtigung des Veräußerers

Die Übereignung ist eine **Verfügung über das Eigentum** per Übertragung (Zweiterwerb). Die **Definition** der Berechtigung **knüpft** daher **an das Eigentum an**.

Berechtigter i.S.d. §§ 929 ff. ist der **verfügungsbefugte Eigentümer** oder der, den das **Gesetz** oder der Berechtigte **durch Rechtsgeschäft** (§ 185 I) **ermächtigt**.

A. Verfügungsbefugter Eigentümer

Der Eigentümer ist grds. verfügungsbefugt, § 903. Einschränkungen bestehen z.B. in folgenden Fällen:

- behördliches/gesetzliches Verfügungsverbot, §§ 135 f.
- Insolvenzverwaltung, § 81 I 1 InsO
- Ehegatten, §§ 1365, 1369
- Nachlassverwaltung, § 1984 I
- Testamentsvollstreckung, § 2211
- Bedingungseintritt bei Verfügung in Schwebezeit, § 161
- Eintritt des Nacherbfalles, § 2016
- Bei Grundstücken: § 23 I 1 ZVG, Beschlagnahme

B. Ermächtigung kraft Gesetzes:

Der Nichteigentümer ist grds. nicht verfügungsberechtigt. Gesetzliche Verfügungsrechte bestehen aber z.B. in folgenden Fällen:

- Insolvenzverwalter, § 80 I InsO
- Nachlassverwalter, § 1985 I
- Pfandverwertung, § 1204 I i.V.m. § 1228 II
- Testamentsvollstrecker, § 2205

C. Einwilligung gem. § 185 I (Verfügungsermächtigung): Ferner entsteht die Berechtigung bei **Einwilligung** (vorherige Zustimmung, § 183) des verfügungsbefugten Eigentümers (oder des Insolvenzverwalters usw.) **gem. § 185 I**. ⚠ Bei **Genehmigung** (nachträgliche Zustimmung, § 184 I) des Eigentümers **gem. § 185 II 1 Var. 1** verfügt der Veräußerer hingegen als **Nichtberechtigter**.

Die Unterscheidung ist für die Anwendbarkeit des § 816 I – Verfügung eines Nichtberechtigten – sehr wichtig.

Übereignung beweglicher Sachen (10) – Stellvertretung

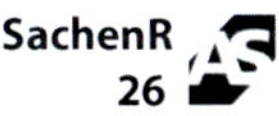

Stellvertretung, §§ 164 ff. auf Veräußererseite und/oder auf Erwerberseite

- Rechtsgeschäftliche **Einigung i.S.d. § 929 S. 1 über den Eigentumsübergang zwischen den Vertretern** bzw. zwischen Vertreter und Veräußerer bzw. Erwerber, **§ 164 I u. III**
- Bei Vollzug der Einigung durch **Übergabesurrogate** (§§ 929 S. 2, 930, 931) oder **Besitzverschaffung nach § 854 II**.

Bei Vollzug der Einigung durch **tatsächliche Übergabe nach § 854 I** ist Stellvertretung **nicht möglich**, da keine Willenserklärungen vorliegen. Ist der Stellvertreter jedoch zugleich Besitzdiener (§ 855), Besitzmittler (§ 868) oder Geheißperson des Erwerbers oder Veräußerers, vollzieht sich der Eigentumserwerb gleichwohl unmittelbar zwischen Veräußerer und Erwerber (Direkterwerb), 20, 21.

Eine Veräußerungsvollmacht kann ausnahmsweise auch den tatsächlichen **Besitzverschaffungswillen** des Veräußerers ersetzen (Prüfungspunkt „Übergabe" – „Auf Veranlassung des Veräußerers", 21).

Ladenangestellter (Vollmacht gem. § 56 HGB) übereignet Ware gegen den Willen des Geschäftsherrn an Kunden. Nach h.M. liegt Übergabe vor. Zwar fehlt es an einer Veranlassung durch den Veräußerer, doch ausnahmsweise umfasst die Veräußerungsvollmacht auch den tatsächlichen Besitzverschaffungswillen (arg. ex § 56 III HGB).

Die **Verpflichtungsermächtigung** des Ehegatten gem. § 1357 I 2 hat keine dingliche Wirkung, sodass der andere Ehegatte nicht automatisch Miteigentum erwirbt (vgl. aber 23).

Übereignung beweglicher Sachen (11) – Stellvertretung

Mittelbare „Stellvertretung“

Wer nach außen **nicht im Namen des Vertretenen** auftritt, ist **kein Stellvertreter i.S.d. §§ 164 ff.** Wie sich der Eigentumswechsel bei **fehlender Offenkundigkeit** vollzieht, hängt davon ab, ob der mittelbare „Vertreter“ auf Veräußerer- oder Erwerberseite tätig wird:

Auf Veräußererseite

Es liegt ein **Geschäft zwischen** dem (nicht das Eigentum innehabenden) **„mittelbaren Vertreter“ und dem Erwerber** vor. Erwerber erhält unmittelbar das Eigentum des Veräußerers, wenn der Veräußerer (konkludent) eingewilligt hatte (§§ 929, 185 I); andernfalls kann der Veräußerer noch genehmigen (§ 185 II), hilfsweise sind §§ 932 ff. zu prüfen.

Auf Erwerberseite

- Ist dem Veräußerer die Person des Erwerbers gleichgültig, ist die Offenkundigkeit ausnahmsweise entbehrlich **(Geschäft für den, den es angeht)**. Es liegt ein Geschäft zwischen Veräußerer und Erwerber vor und ein **Direkterwerb** des Erwerbers findet statt.
- Will Veräußerer an den mittelbaren „Stellvertreter“ übereignen, liegt Geschäft zwischen Veräußerer und „Vertreter“ vor. Der „Vertreter“ wird Eigentümer, kann aber das Eigentum durch **antizipierte Einigung und antizipiertes Besitzkonstitut** oder durch **Insichgeschäft** auf Erwerber übertragen **(Durchgangserwerb)**.

  ⚠ Der Durchgangserwerb birgt das Risiko, dass der „Vertreter“ **für eine juristische Sekunde Eigentum** erwirbt, welches durch ein Pfandrecht belastet werden oder in den Haftungsverband einer Hypothek fallen kann.

Erwerb beweglicher Sachen vom Nichtberechtigten (1)

Überblick

Zu A. bis C. vgl. ⧉ 18 ff.; zu D. näher ⧉ 29–36

A. Einigung

⚠ Nach h.M. kann ein Minderjähriger über eine für ihn fremde Sache wirksam verfügen (**„neutrales" Geschäft** i.S.d. § 107). Dagegen spricht allerdings, dass der Erwerber dann besser stünde, als wenn die Sache tatsächlich dem Minderjährigem gehören würde.

B. Übergabe oder Übergabesurrogat

⚠ Bei Veräußerung nach §§ 929 S. 1, 931 reicht für den Erwerb **vom Nichtberechtigten** die Abtretung eines nur **behaupteten Herausgabeanspruchs**, da sonst § 934 Var. 2 (Veräußerer nicht mittelbarer Besitzer) keinen Anwendungsbereich hätte. Beim Erwerb vom Berechtigten muss hingegen zumindest der Anspruch aus § 985 vorliegen (⧉ 24).

C. Keine Berechtigung des Veräußerers (verfügungsbefugter Eigentümer; Ermächtigung kraft Gesetz oder gem. § 185 I)

D. Erwerb vom Nichtberechtigten

I. Wirksamwerden der Verfügung gem. § 185 II 1

- Var. 1: Genehmigung mit Wirkung ex tunc, § 184
- Var. 2: Erwerb des Gegenstandes durch den Verfügenden
- Var. 3: Eigentümer beerbt den Verfügenden und haftet für Nachlassverbindlichkeiten unbeschränkt

II. Erwerb vom Nichtberechtigten kraft guten Glaubens, §§ 932 ff. ⧉ 29 ff.

1. Verkehrsgeschäft als Unterfall des Rechtsgeschäfts
2. Legitimation durch den Rechtsschein des Besitzes gem. §§ 932 ff.
3. Gutgläubigkeit des Erwerbers; ⚠ Geschützt ist grds. nur der gute Glaube an das **Eigentum**.
4. Kein Abhandenkommen, § 935

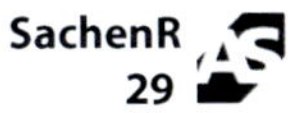

Erwerb beweglicher Sachen vom Nichtberechtigten (2)

Verkehrsgeschäfte als Unterfall des Rechtsgeschäfts

- Rechtsgeschäft, d.h. keine Anwendbarkeit der §§ 932 ff. beim **gesetzlichen Erwerb** (§§ 1922, 937 ff., 946 ff., 953 ff. 37–43) oder beim Erwerb kraft **Hoheitsaktes** (§ 817 II ZPO; § 55 I u. II ZVG, 44)
- Darüber hinaus Verkehrsgeschäft, d.h. keine Anwendbarkeit der §§ 932 ff. bei wirtschaftlicher **Personenidentität** auf Veräußerer- u. Erwerberseite sowie bei **vorweggenommener Erbfolge/Erbauseinandersetzung**

Überblick über die Rechtsscheinstatbestände der §§ 932 ff.

Erwerbstatbestand	Rechtsscheinstatbestand	Träger des Rechtsscheins
Übergabe, § 929 S. 1	§ 932 I 1	**Übergabe** i.S.d. § 929 S. 1 (20 f.) reicht als Rechtsscheinsträger aus.
Übereignung kurzer Hand, § 929 S. 2	§ 932 I 2	Erwerber muss Besitz **vom Veräußerer**, also durch eine **Übergabe vor der Einigung** erlangt haben.
Besitzkonstitut, § 930	§ 933	Erwerber muss die Sache **vom Veräußerer** durch **Übergabe** erhalten.
Abtretung, wenn Veräußerer **mittelbarer Besitzer war**, § 931	§ 934 Var. 1	**Abtretung des Anspruchs**; wahrer Eigentümer darf aber nicht besitzen, § 936 III analog.
Abtretung, wenn Veräußerer **nicht mittelbarer Besitzer war**, § 931	§ 934 Var. 2	Erwerber muss (**mittelbaren** oder **unmittelbaren**) **Besitz vom Dritten** erlangen. ⚠ Abtretung nicht erforderlich.

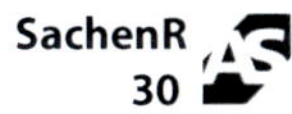

Erwerb beweglicher Sachen vom Nichtberechtigten (3)

Übergabe gem. § 929 S. 1 i.V.m. § 932 I 1

- **Grundsätzlich reicht Übergabe i.S.v. § 929 S. 1 als Rechtsscheinsträger** aus, da dem Erwerber der Besitz tatsächlich verschafft wird. Weil der Veräußerer durch Veranlassung einer Übergabe **ausreichend seine Besitzverschaffungsmacht dokumentiert**, wird überwiegend eine gesonderte Prüfung des Rechtsscheins des Besitzes für überflüssig gehalten.
- ϟ Umstritten ist aber, ob der Veräußerer in den Fällen des <u>**Geheißerwerbs**</u> ausreichend seine **Besitzverschaffungsmacht dokumentiert**.

1. Rechtsscheinsdokumentation durch **tatsächliche Geheißperson** des Veräußerers: Eigentumserwerb nach h.M. (+)

   Dem E gehört ein Fahrrad, das er dem L geliehen hat. V verkauft und übereignet dieses Fahrrad im eigenen Namen an K. Nach Erhalt des Kaufpreises bittet V den L, der den Verkauf billigt, das Fahrrad an K zu übergeben.

2. Rechtsschein durch **Scheingeheißperson** des Veräußerers: Eigentumserwerb nach h.M. (+)

   Dem E gehört ein in seinem Gewahrsam befindliches Fahrrad. V verkauft und übereignet das Fahrrad in eigenem Namen an K und schwindelt dem E vor, das Fahrrad in dessen Namen verkauft und übereignet zu haben. E liefert das Fahrrad bei K ab, davon ausgehend, hierdurch seine Verkäuferpflicht zu erfüllen.
   E ist nicht Geheißperson des V, da er sich seinem Willen nicht unterordnet, sondern eine eigene (vermeintlich bestehende) Verpflichtung erfüllen will. Nach h.M. kommt es aber auf den **Empfängerhorizont des Erwerbers** K an, aus dessen Sicht E sich (wie im Beispiel 1 der L) dem Willen des V unterordnete, also wie eine Geheißperson erschien. Es soll für eine Übergabe auch i.S.d. § 932 I 1 ausreichen, dass V dem K tatsächlich Besitz verschafft hat, unabhängig davon, was E sich vorgestellt hat.

Erwerb beweglicher Sachen vom Nichtberechtigten (4)

Übereignung kurzer Hand gem. § 929 S. 2 i.V.m. § 932 I 2

- Ist der Erwerber bereits im Besitz der Sache, ist gem. § 932 I 2 erforderlich, dass er den **Besitz „von dem Veräußerer erlangt hatte“**.
- Erforderlich ist demnach eine Besitzlage, die das Vertrauen des Erwerbers in das Eigentum des Veräußerers rechtfertigt: Dies ist der Fall, wenn der Besitz durch eine **„Übergabe“ i.S.v. § 929 S. 1** (🗗 20 f.), die vor der Einigung stattgefunden hat, übertragen wurde.
  - Auch hier kann der Besitz also unmittelbar durch den Veräußerer einen **Besitzdiener**, einen **Besitzmittler** oder eine **(Schein-)Geheißperson** übertragen worden sein.
  - Der **Unterschied** zum Erwerb vom Berechtigten nach **§ 929 S. 2** (🗗 22) ist, dass bei diesem der Erwerber den Besitz **irgendwie** (d.h. nicht zwingend durch Übergabe) **von irgendwem** erlangt haben kann.

Besitzkonstitut gem. § 930 i.V.m. § 933

- Gem. § 933 genügt der Erwerbstatbestand des § 930 nicht für einen gutgläubigen Eigentumserwerb, sondern es ist zusätzlich eine **Übergabe** i.S.v. § 929 S. 1 der Sache an den Erwerber erforderlich.
- Eine **eigenmächtige Besitzergreifung** durch den Erwerber reicht auch dann **nicht** aus, wenn dieser durch den Veräußerer **zur Wegnahme ermächtigt** wurde (⚡ so die Rspr.; a.A. die Lit. bis zum Widerruf der Ermächtigung).

Erwerb beweglicher Sachen vom Nichtberechtigten (5)

Abtretung eines Herausgabeanspruchs gem. § 931 i.V.m. § 934

A. Veräußerer war mittelbarer Besitzer, § 934 Var. 1

- Hatte der Veräußerer **mittelbaren Besitz**, geht das Eigentum mit **Abtretung des Herausgabeanspruchs** auf den Erwerber über (der Veräußerer dokumentiert seine Besitzverschaffungsmacht durch die tatsächliche Übertragung von mittelbarem Besitz, vgl. § 870).
- Schutz des besitzenden Eigentümers durch **§ 936 III analog**.

Bei einer Übereignung nach §§ 930, 933 erlangt der Erwerber ebenfalls mittelbaren Besitz. Der Unterschied zu §§ 931, 934 Var. 1 besteht aber darin, dass hier der Veräußerer bereits mit Abtretung des Herausgabeanspruchs jede besitzrechtliche Position verliert, während nach §§ 930, 933 der Veräußerer zunächst Besitzer bleibt. Deswegen ist bei §§ 930, 933 zusätzlich eine Übergabe, also insbes. der Besitzverlust des Veräußerers, erforderlich.

B. Veräußerer war nicht mittelbarer Besitzer, § 934 Var. 2

Hatte der Veräußerer **keinen mittelbaren Besitz**, weil entweder nur ein Herausgabeanspruch ohne Besitzmittlungsverhältnis (§§ 812 ff., §§ 823 ff.) oder weder ein Besitzmittlungsverhältnis noch ein Herausgabeanspruch bestand, ist die **Erlangung des unmittelbaren oder mittelbaren Besitzes von dem Dritten** (= unmittelbarer Besitzer) erforderlich. Eine **Anspruchsabtretung** ist hingegen nach h.M. **nicht erforderlich**.

Will der unmittelbare Besitzer **sowohl dem Eigentümer als auch dem Erwerber den Besitz mitteln**, ist str., ob dies für § 934 Var. 2 ausreicht:

- Nach **h.M.** ist ausschließlich derjenige mittelbarer Besitzer, mit dem **zuletzt** das Besitzmittlungsverhältnis begründet wurde, im Zweifel also der Erwerber. Nach h.M. findet der Erwerb daher statt.
- Nach **a.A.** liegt ein sog. **gleichstufiger mittelbarer Nebenbesitz** (arg. dagegen: Verstoß gegen numerus clausus/Typenzwang) vor, der für § 934 Var. 2 nicht ausreicht, da der Veräußerer nicht jegliche besitzrechtliche Position verliert.

Bestand kein Herausgabeanspruch, so muss der Erwerber **hinsichtlich des Eigentums** des Veräußerers und **zusätzlich hinsichtlich des Anspruchs gutgläubig** (🗗 33 f.) sein.

Erwerb beweglicher Sachen vom Nichtberechtigten (6)

➲ Der Erwerber ist nicht im guten Glauben, wenn ihm bekannt oder infolge grober Fahrlässigkeit unbekannt ist, dass die Sache nicht dem Veräußerer gehört (§ 932 II).

⚠ Aus der negativen Formulierung folgt, dass die **Gutgläubigkeit widerleglich** (§ 292 ZPO) **vermutet** wird.

Zeitpunkt der Gutgläubigkeit

Vollendung des Rechtserwerbs (oft: Übergabe oder Surrogat)

⚠ Anders bei Grundstücken: Hier kommt es wg. § 892 II Var. 1 grds. auf den Zeitpunkt des Eintragungsantrages an (🗗 68).

Maßstab der Gutgläubigkeit

- **Positive Kenntnis**
- **Grob fahrlässige Unkenntnis:** Unkenntnis dessen, was **jedem hätte einleuchten** müssen, vgl. § 276 II

  🔎 Zwar besteht keine allgemeine Nachforschungspflicht. Beim Kauf gebrauchter Kfz ist jedoch die Vorlage des Fahrzeugbriefs erforderlich und der Veräußerer muss in diesen eingetragen sein. Ist er allerdings gewerbsmäßiger Händler, so kann es bei gutem Glauben an die Verfügungsbefugnis (§ 185 I) gemäß § 366 I HGB (s. auch 🗗 34) auch ohne Eintragung zum Erwerb kommen. Auch ein auffälliges Missverhältnis zwischen Kaufpreis und Verkehrswert oder die Umstände des Geschäftsabschlusses können Nachforschungspflichten begründen.

Für Gutgläubigkeit relevante Person

- Bei **Vertretung** gem. § 166 grds. der Vertreter. Hat aber der Vertreter nach **Weisungen** gehandelt, kommt es auf Gutgläubigkeit sowohl des Vertretenen als auch des Vertreters an.
- Bei **juristischen Personen genügt Bösgläubigkeit eines Organs** (nicht notwendig des Handelnden).
- Auf die Bösgläubigkeit von **Hilfspersonen** (Besitzdiener oder Besitzmittler) kommt es nicht an.

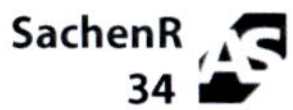

Erwerb beweglicher Sachen vom Nichtberechtigten (7)

Bezugspunkte des guten Glaubens: Grds. nur Eigentum des Veräußerers

- Wortlaut der §§ 932 ff. („gehört"): Nur **Schutz des guten Glaubens an das Eigentum**

  ⚠ **§ 142 II:** Wer die Anfechtbarkeit eines Rechtsgeschäftes (z.B. einer vorherigen Übereignung an den Veräußerer) kannte oder kennen musste (= fahrlässig nicht kannte, § 122 II), wird – sobald die Anfechtung erfolgt – so behandelt, als ob er die Nichtigkeit kannte bzw. kennen musste.

  ⚠ **§ 934 Var. 2:** Schutz des **guten Glaubens an Eigentum und Forderung** (🗗 32). Rechtsfolge: (nur) **Eigentumserwerb**

- **Ausnahmsweise:** Schutz des guten Glaubens an das **Nichtbestehen einer Verfügungsbeschränkung** in den gesetzlich angeordneten Fällen

  – **Relative** Verfügungsverbote, §§ 135 II, 136
  – Verfügungen des Vorerben, § 2113 III
  – Bedingungseintritt bei Zwischenverfügungen, § 161 III
  – Verfügungen des Erben trotz Testamentsvollstreckung, § 2211 II

  ⚠ Keine Überwindung der fehlenden Verfügungsbefugnis bei **absoluten** Veräußerungsverboten (Ehegatten, § 1365, Insolvenzverwaltung, § 81 I 1 InsO [anders bei Grundstücken, § 81 I 2 InsO]; Kindesvermögen, § 1643)

- **Ausnahmsweise:** Schutz des guten Glaubens an das **Bestehen einer Ermächtigung nach § 185 I** (🔎 § 366 I HGB)

- **Zusätzlich:** Guter Glaube an die **Lastenfreiheit** (§ 936), wenn es um den Untergang einer „Last" (d.h. einer Belastung des Eigentums mit dem Recht eines Dritten, 🔎 Pfandrecht) geht, 🗗 36

⚡ Rückerwerb des Nichtberechtigten vom Dritten

Erwirbt der nichtberechtigt Verfügende das Eigentum von dem gutgläubigen Dritten zurück, so fällt das Eigentum nach h.M. wegen Sinn und Zweck der §§ 932 ff. (Verkehrsschutz) an den ursprünglichen Eigentümer zurück.

Erwerb beweglicher Sachen vom Nichtberechtigten (8)

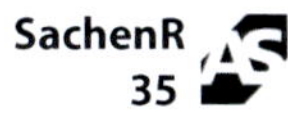

Ausschlussgrund Abhandenkommen, § 935

➲ Eine Sache ist abhandengekommen, wenn der **unmittelbare Besitzer unfreiwillig seinen Besitz verloren hat**, d.h. wenn sich der **Besitzverlust gegen** oder auch nur **ohne den Willen** des unmittelbaren Besitzers vollzieht (🔍 im Gesetz benannte Beispiele: **Diebstahl** und **Verlust**).

Anwendungsbereich

- Verlust des **unmittelbaren Besitzes des Eigentümers**, § 935 I 1
- Verlust des **unmittelbaren Besitzes eines Besitzmittlers** des Eigentümers, § 935 I 2
- **Nicht** bei **Geld, Inhaberpapieren** und **Veräußerung in öffentlicher Versteigerung** (§ 156), § 935 II, um die Umlauffähigkeit der betroffenen Wirtschaftsgüter zu sichern.

Einzelfälle

- **Abhandenkommen (–):**
  - Organ einer **juristischen Person** gibt Sache weg
  - **Irrtum** über Weggabe der konkreten Sache (weil trotzdem willentlicher Verlust)
  - Wegnahme aufgrund eines wirksamen (§ 43 II VwVfG; nicht zwingend: rechtmäßigen) **staatlichen Hoheitsaktes**
- **Abhandenkommen (+):**
  - Willentliche Weggabe einer Sache durch einen nicht zur Besitzübertragung befugten **Besitzdiener** (§ 855).
  - Dem **Erben** kommt eine Sache abhanden, die ohne sein Wissen aus dem Nachlass entfernt wird (vgl. § 857).
    ⚠ Ist der Veräußerer allerdings in einem Erbschein als Erbe bezeichnet, so ist der Erwerber gem. § 2366 auch vor der Wirkung der §§ 935, 857 geschützt.
  - **unwiderstehliche physische Gewalt** oder **gleichwertiger psychischer Zwang** (unfreiwillig)

Erwerb beweglicher Sachen vom Nichtberechtigten (9)

Einzelfälle (Fortsetzung)

- **Abhandenkommen str.:**
  - **widerrechtliche Drohung** (h.M. unfreiwillig)
  - Weggabe einer Sache durch einen **Geschäftsunfähigen** (h.M. unfreiwillig).
  - Weggabe einer Sache durch **beschränkt Geschäftsfähigen** je nach Urteilsvermögen (im Einzelnen str.)
  - Abhandenkommen beim **unmittelbaren Besitzer, der nicht Eigentümer ist und auch nicht für den Eigentümer besitzt**, also Eigenbesitzer (§ 872) ist (von § 935 I 1 u. 2 nicht erfasst; laut h.M. auch keine Analogie, weder planwidrige Lücke noch Eigentümer schutzwürdig; also kein Abhandenkommen).

Gutgläubig lastenfreier Erwerb beweglicher Sachen, § 936

A. Erwerb des Eigentums (vom Berechtigten oder Nichtberechtigten) nach den §§ 929–935

B. Belastung der Sache mit dem Recht eines Dritten

Nießbrauch, Pfandrecht, Anwartschaftsrecht (h.M.)

C. Keine Berechtigung des Veräußerers **zur lastenfreien (!) Übertragung**

D. Gutgläubiger lastenfreier Erwerb

I. Erlangung derselben besitzrechtlichen Position, die für einen gutgläubigen Eigentumserwerb erforderlich wäre

II. Gutgläubigkeit **in Ansehung der Lastenfreiheit**, § 936 II

III. Kein Abhandenkommen der Sache bei dem Rechtsinhaber (§ 935 analog)

IV. Kein unmittelbarer Besitz des Rechtsinhabers bei Veräußerung nach § 931 (§ 936 III)

Ein mit Sachbesitz verbundenes belastendes Recht braucht dem guten Glauben des Erwerbers nicht zu weichen.

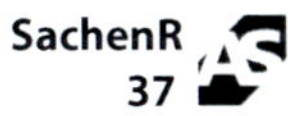

Eigentumserwerb kraft Gesetzes (1)

Aus mehreren Sachen wird eine einheitliche Sache

- **Verbindung** einer beweglichen Sache mit einem Grundstück, § 946

  dazu 38
- **Verbindung** von zwei beweglichen Sachen, § 947

  dazu 39
- **Vermischung** und **Vermengung** beweglicher Sachen, § 948

  dazu 39
- **Verarbeitung** einer beweglichen Sache, § 950

  dazu 40

Aus einer einheitlichen Sache werden mehrere Sachen

- **Trennung** von Erzeugnissen und Bestandteilen, §§ 953–957

  dazu 41

Übergang von Eigentümerpositionen

- **Ersitzung** einer beweglichen Sache, §§ 937 ff.

  dazu 42
- **Ersitzung** eines Grundstücks, § 900

  dazu 42
- **Aneignung, §§ 958 ff.**

  dazu 43
- **Fund, §§ 965 ff.**

  dazu 43

Erwerbstatbestände außerhalb des Sachenrechts

Besitzerwerb oder Eintragung im Grundbuch sind nicht erforderlich:

- **Gesamtrechtsnachfolge**, § 1922
- **Übertragung des Erbanteils** gem. §§ 2033 ff.

  Mit dem Übergang des Erbanteils wird der Erwerber Mitberechtigter am Nachlass.
- **Gütergemeinschaft**

  Mit Abschluss des Ehevertrages wird das Vermögen der einzelnen Ehegatten gemeinschaftliches Vermögen beider Ehegatten, § 1416 I 1.

Durch diese Normen wird i.d.R. nur die **unmittelbare Eigentumslage** geregelt. Das endgültige **Behaltendürfen** oder etwaige **Ausgleichs- oder Entschädigungsansprüche** sind gesondert zu prüfen und bestimmen sich grds. nach allgemeinen Regeln, teilweise aber auch nach Sonderregelungen (§§ 951, 955).

Die **§§ 932 ff., 935 gelten nicht**, weil **kein Verkehrsgeschäft** vorliegt (29). **Fremde Sachen** können z.T. nicht einmal durch den Gutgläubigen (§ 1922), z.T. nur bei Gutgläubigkeit (§ 937 II) und z.T. selbst durch den Bösgläubigen (§ 946 ff.) erworben werden.

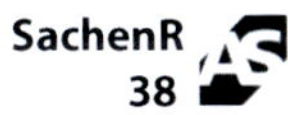

Eigentumserwerb kraft Gesetzes (2) – Verbindung

Grundstücksverbindung, § 946

- Bei Verbindung einer **beweglichen Sache mit einem Grundstück** als wesentlicher Bestandteil (🗗 5) erwirbt der Grundstückseigentümer das Eigentum an der Sache.
- Es ist **unerheblich, wie** es zu der Verbindung gekommen ist, **wem die Sache gehörte** und ob die Sache **abhanden gekommen** ist.
- Realakt, daher **keine Geschäftsfähigkeit erforderlich**.

Entschädigung für Rechtsverlust nach §§ 946–950 gem. § 951

Gem. §§ 951 I 1, 812 **(Rechtsgrundverweisung)** kann derjenige, der einen Rechtsverlust nach §§ 946–950 (🗗 38–40) erleidet, nach den Vorschriften des Bereicherungsrechts **Entschädigung** in Geld verlangen.

- Unstreitig enthält § 951 einen Verweis auf die **Nichtleistungskondiktion** gem. § 812 I 1 Var. 2
- ⚡ Umstritten ist, ob § 951 auch auf die **Leistungskondiktion** gem. § 812 I 1 Var. 1 verweist:
  - Führt der **Eigentümer** den **Rechtsverlust selbst** herbei, kann dahinstehen, ob der Bereicherungsanspruch aus § 951 i.V.m. § 812 I 1 Var. 1 oder aus § 812 I 1 Var. 1 unmittelbar folgt.
  - Wird **Eigentumsverlust durch Dritten** herbeigeführt, der an neuen Eigentümer leistet, besteht nach h.M. Anspruch des alten Eigentümers gegen den neuen Eigentümer aus § 951 i.V.m. § 812 I 1 Var. 1 nur, wenn
    - die Verbindung nicht mit Einverständnis des alten Eigentümers erfolgt (arg. § 185 I)
    - und der Erwerber nicht gutgläubig i.S.d. § 932 oder die Sache zuvor i.S.d. § 935 I abhanden gekommen ist.

    ⚠ **Wertung der §§ 185, 932 ff. wird in § 812 „hineinprojiziert"**, obwohl kein Verkehrsgeschäft vorliegt.

    🔍 Herstellen von Wurst aus fremdem Jungbullen

    ⚠ Leistung i.d.S. auch bei **„Heranleisten" an gesetzlichen Erwerb**

    🔍 Einbau fremder Fliesen durch Handwerker = Leistung auf Werksvertrag trotz § 946

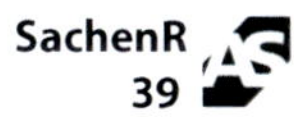

Eigentumserwerb kraft Gesetzes (3) – Verbindung, Vermischung

Fahrnisverbindung, § 947

- Bei Verbindung **mehrerer beweglicher Sachen zu wesentlichen Bestandteilen** (🗗 5) **einer einheitlichen Sache** erwerben die bisherigen Eigentümer Miteigentum an der einheitlichen Sache. Die **Miteigentumsanteile** bestimmen sich nach dem **Wertverhältnis** der einzelnen Sachen. Dann besteht kein Anspruch aus §§ 951, 812.
- Ist aber eine der Sachen **Hauptsache**, erwirbt ihr Eigentümer das Alleineigentum, § 947 II. Es besteht ein Anspruch aus § 812.

  ϟ Wann eine Hauptsache vorliegt, ist umstritten. Eine Ansicht stellt auch hier auf eine **Wesensveränderung** der Sache durch Entfernung der Nebensache ab, während die vorzugswürdige Ansicht nach den **Umständen des Einzelfalles unter Berücksichtigung der Verkehrsauffassung** entscheidet. Kriterien sind: Wertverhältnis, räumlicher Umfang und ob eine Sache dem Ganzen den Namen gibt.

Vermischung, Vermengung, § 948

- Untrennbare **Vermischung** (Flüssigkeiten) oder **Vermengung** (feste Sachen)
- Untrennbarkeit: Sachen sind **unlösbar, ununterscheidbar** vermischt/vermengt oder eine Trennung wäre mit **unverhältnismäßigen Kosten** verbunden, § 948 II.
- § 947 gilt entsprechend, d.h. Eigentümer erlangen **Miteigentum nach Bruchteilen** entsprechend ihrer Mengen, es sei denn, eine Sache ist (mengenmäßig) **Hauptsache**.
- ϟ Nach h.M. sind §§ 947, 948 auch auf Bargeld anwendbar, sodass bei Vermengung, z.B. in einer Kasse, grds. **Miteigentum am Gesamtbetrag** entsteht.

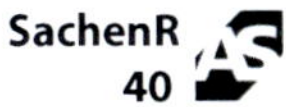

Eigentumserwerb kraft Gesetzes (4) – Verarbeitung

Verarbeitung, § 950

Bei Herstellung einer neuen Sache erwirbt der Hersteller das Eigentum an der neuen Sache. Dabei ist irrelevant, in wessen Eigentum die Ausgangsstoffe standen.

A. **Neue Sache hergestellt** (nach Verkehrsanschauung unter Berücksichtigung wirtschaftlicher Kriterien)

- Sache wird unter anderer Bezeichnung in Verkehr gebracht; Ausgangsstoff wird völlig umgestaltet; zusätzliche Funktion; Bearbeitung der Oberfläche durch Schreiben, Zeichnen o.ä. (§ 950 I 2), aber **nicht:** Abspeichern auf Datenträger

B. Verarbeitender muss **Hersteller** sein.

- Hersteller ist, wem die Herstellung nach der Verkehrsanschauung objektiv zuzurechnen ist (In einem Betrieb der Unternehmer und nicht der angestellte Arbeiter; bei einem Werkvertrag, bei dem der Besteller die Stoffe bereitstellt, der Besteller und nicht der Werkunternehmer).
- Nach h.Lit. ist der **Herstellerbegriff** in § 950 **nicht dispositiv**, nach der Rspr. sind aber vertragliche **Vereinbarungen über die Herstellereigenschaft** möglich (Herstellerklausel bei Eigentumsvorbehalten). In einer Herstellerklausel liegt aber unstreitig jedenfalls die konkludente Rückübereignung der hergestellten Sache durch antizipierte Einigung und antizipiertes Besitzkonstitut vom Hersteller i.S.d. § 950 auf die gewünschte Person. Auf die Zulässigkeit einer Herstellerklausel kommt es also nur an, wenn ein Durchgangserwerb des Herstellers zu einer Belastung der neuen Sache (z.B. mit einem Pfandrecht seiner Gläubiger) führen würde.

C. **Verarbeitungswert nicht erheblich geringer als Stoffwert** (weil sonst kein nennenswerter eigener Anteil des Herstellers). Auf den Arbeitsaufwand kommt es nicht an.

Sachwert der neuen Sache 500 €	–	Sachwert aller Ausgangsstoffe = **Stoffwert** (auch derjenigen, die dem Hersteller gehörten) 300 €	=	**Verarbeitungswert** 200 €

- **Erheblich** geringer ist der **Verarbeitungswert**, wenn er **60% des Stoffwertes** oder noch weniger beträgt.
- 200 €/300 € = 66,6 %. Der Verarbeitungswert ist zwar geringer, aber nicht erheblich geringer. Der Tatbestand ist erfüllt, der Hersteller ist Eigentümer geworden.

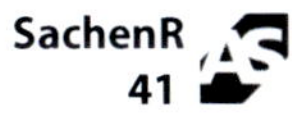

Eigentumserwerb kraft Gesetzes (5)
Trennung von Erzeugnissen und Bestandteilen, §§ 953 ff.

➲ **Erzeugnisse** sind die organischen, von der Muttersache getrennten körperlichen Gegenstände.

🔍 Jungtiere, Milch, Eier, Holz etc.

➲ **Bestandteile** sind insbes. die anorganischen, von der Hauptsache getrennten körperlichen Gegenstände.

🔍 Sand, Kies, Steine, Mineralien etc.

„Schachtelprinzip“ ***von innen nach außen***; lex specialis zuerst prüfen:

- **§ 956 (§ 957):** Eigentumserwerb durch **Aneignungsgestattung**
  - Ein schuldrechtlich Aneignungsberechtigter erwirbt Eigentum mit der **Trennung**, wenn er im Besitz der Muttersache ist, andernfalls mit **Besitzergreifung**.
  - Der Gestattende muss **Berechtigter**, also entweder Eigentümer der Muttersache oder künftiger Eigentümer der Erzeugnisse und sonstigen Bestandteile sein.
  - Ist der Gestattende **Nichtberechtigter**, kann der vermeintlich Aneignungsberechtigte gutgläubig gem. § 957 erwerben.
  - ⚡ **Übertragungstheorie** (h.M.): Erwerber muss Gestattung annehmen, oft konkludent durch Besitzergreifung
- **§ 955:** Eigentumserwerb an den **Früchten** der Sache durch den **gutgläubigen Eigen- oder Nutzungsbesitzer**
  - **Früchte** einer Sache (§ 99) sind **Erzeugnisse** und sonstige **bestimmungsgemäße Ausbeute**.
  - Mit Trennung erwirbt **rechtmäßiger Eigenbesitzer** (§ 955 I 1) bzw. **rechtmäßiger Nutzungsbesitzer** (§ 955 II) Eigentum.
  - Gem. § 955 erwirbt unrechtmäßiger Eigenbesitzer bzw. unrechtmäßiger Nutzungsbesitzer mit Trennung Eigentum, wenn er **gutgläubig** hinsichtlich seines Erwerbsrechts (Eigentum oder dingliches Nutzungsrecht) ist (⚡ Nach h.M. auch wenn die Muttersache abhanden gekommen war **[keine entsprechende Anwendung des § 935]**).

  ⚠ § 955 regelt nur die **Eigentumslage**. Das **Behaltendürfen** richtet sich nach den §§ 987 ff.; vgl. 112 ff.
- **§ 954:** Eigentumserwerb durch **dinglich Nutzungsberechtigten** 🔍 Dienstbarkeit, ErbbauR, NutzungspfandR
- **§ 953:** Eigentumserwerb durch **Eigentümer** der Mutter-/Hauptsache (Ausnahme: Früchte auf Nachbargrundstück, § 911)

Eigentumserwerb kraft Gesetzes (6) – Ersitzung

Fehlschlag eines rechtsgeschäftlichen Eigentumserwerbs, z.B. wegen Nichtigkeit der Einigung gem. §§ 104 ff. oder bei Abhandenkommen der Sache wegen § 935.
Der Gesetzgeber will **verhindern**, dass **Eigentum und Besitz dauerhaft auseinanderfallen**.

Voraussetzungen der Ersitzung beweglicher Sachen, §§ 937 ff.

I. **Gutgläubiger Eigenbesitz** (§ 872) des Ersitzenden

II. Ununterbrochener Besitz von **10 Jahren** (Ersitzungszeit des Vorbesitzers wird angerechnet, § 943)

Voraussetzungen der Buchersitzung, § 900

I. **Eintragung als Eigentümer im Grundbuch**

II. Nichterlangung des Eigentums

III. Eintragungszeit **30 Jahre**

IV. Eigenbesitz **30 Jahre**

Gem. § 900 I 2 gelten für die Fristberechnung die Vorschriften für die Ersitzung beweglicher Sachen, §§ 937 ff.

Gutgläubigkeit/Kenntnislosigkeit hinsichtlich der wahren Eigentumslage ist **nicht erforderlich**.

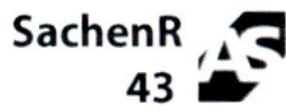

Eigentumserwerb kraft Gesetzes (7) – Aneignung, Fund

Voraussetzungen der Aneignung, §§ 958 ff.

I. Herrenlosigkeit der beweglichen Sache

➲ Herrenlos ist eine Sache, die zwar **eigentumsfähig** ist, **aber in niemandes Eigentum** steht (entweder weil nie jemand an ihr Eigentum begründet hat [🔎 wilde Tiere, beachte auch § 960 II und III] oder wegen Dereliktion gem. § 959).

II. Begründung von Eigenbesitz (§ 872) durch den Aneignenden

III. Kein Ausschluss des Aneignungsrechts, § 958 II

- Durch Bestehen eines Aneignungsrechts eines Dritten nach Pacht-, Fischerei-, Jagd- oder Bergrecht
- Verbot einer Aneignung aufgrund Naturschutzgesetz

Fund, §§ 965 ff.

A. Voraussetzungen

I. Verlorene (➲ besitzlose, aber nicht herrenlose) **Sache.**

⚠ Besitz besteht auch an Sachen, die sich im generellen Herrschaftsbereich einer Person befinden, egal ob diese von der konkreten Sache weiß (🔎 Besitz des Kinobetreibers an liegendgebliebenen Jacken, 9).

II. „An sich nehmen", d.h. ⇨ **Begründung unmittelbaren Besitzes** (Entdeckung alleine reicht nicht aus).

III. Bei Wert über 10 €: Anzeige bei **zuständiger Behörde**, § 965 II 2.

B. Rechtsfolgen

- Gem. § 973 I 1 **Eigentumserwerb** mit Ablauf von 6 Monaten nach Anzeige des Fundes (bzw. nach Fund, wenn Wert nicht über 10 €, § 973 II), es sei denn, dass dem Finder vorher ein Empfangsberechtigter bekannt geworden ist oder dieser sein Recht bei der zuständigen Behörde angemeldet hat.
- **Kondiktionsanspruch** für weitere drei Jahre gemäß § 977.
- Sonderregel gem. § 984 für den **Schatzfund:** Hälftiger Eigentumserwerb des Entdeckers und des Eigentümers der verbergenden Sache.
- Finder hat Anspruch auf **Aufwendungsersatz** und **Finderlohn**, §§ 970, 971.

Eigentumserwerb kraft Hoheitsaktes

Ablieferung, § 817 II ZPO

- Bei **Zwangsvollstreckung** in das Vermögen eines Schuldners aufgrund eines vollstreckbaren Titels werden **bewegliche Sachen** durch den Gerichtsvollzieher gepfändet und verwertet.
- Im Rahmen der Verwertung **überträgt der Gerichtsvollzieher kraft Hoheitsaktes Eigentum** an den Meistbietenden.

Zuschlag, § 90 ZVG

- Im **Zwangsversteigerungsverfahren** über **Grundstücke** erwirbt der Ersteher mit dem Zuschlag gem. § 90 I ZVG das Eigentum.
- Gleichzeitig erwirbt er das Eigentum an den **Gegenständen, auf die sich die Versteigerung erstreckt**, § 90 II ZVG:
  - Gem. § 55 I ZVG die **beschlagnahmten Gegenstände**; dies sind gem. § 20 II ZVG auch diejenigen Gegenstände, die in den Haftungsverband der Hypothek nach § 1120 fallen, also unter anderem auch das **Zubehör, welches im Eigentum des Grundstückseigentümers steht**, 🗗 88.

    ⚠ Diese Paragraphenkette (§§ 90 II, 55 I, 20 II ZVG, § 1120 BGB) ist immer wieder Prüfungsgegenstand.
  - Gem. § 55 II ZVG auch **Zubehörstücke, die im Eigentum eines Dritten stehen**, soweit sie im Besitz des Schuldners standen und der Dritte sein Recht nicht nach § 37 Nr. 5 ZVG geltend macht.

⚠ Der Erwerb kraft Hoheitsakt erfolgt **auch bei Bösgläubigkeit und/oder Abhandenkommen**. Die §§ 932 ff., 935 gelten nicht, weil **kein Verkehrsgeschäft** vorliegt (🗗 29).

Sicherungseigentum (1)

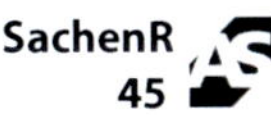

Rechtsverhältnisse

1. **Schuldverhältnis**, aus dem sich zu sichernde Forderung ergibt (Rückzahlung eines Darlehens, § 488 I 2)
2. Schuldrechtlicher **Sicherungsvertrag** (zu Inhalt und Bedeutung s. 47)
3. Rechtsgeschäftliche **Übertragung des Eigentums gem. §§ 929 S. 1, 930** durch Vereinbarung eines Besitzkonstitutes (ergibt sich aus dem Sicherungsvertrag). ⚠ Nur auflösend bedingt (§ 158 II) durch Tilgung der gesicherten Forderung, wenn so ausdrücklich vereinbart; grds. unbedingt

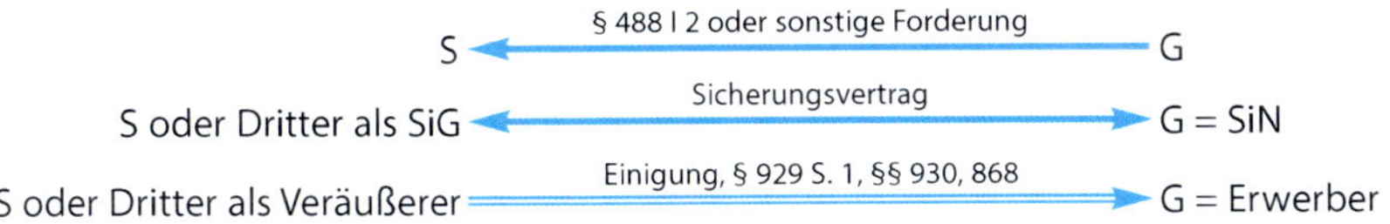

⚠ Der Gläubiger ist in aller Regel Partei aller drei Rechtsverhältnisse. Gleiches kann für den Schuldner gelten, es kann aber auch der **Schuldner nur Partei des Darlehens** sein, während ein **personenverschiedener Sicherungsgeber** Partei des Sicherungsvertrags und der Übereignung ist.

Wahrung des sachenrechtlichen Bestimmtheitsgrundsatzes vgl. 2

(+)

- Raumsicherungsübereignung – ⚠ Eine einmal wirksame Sicherungsübereignung aller in einem Raum befindlichen Sachen bleibt auch wirksam, wenn später andere Sachen in den Raum verbracht werden und dann später nicht mehr anhand der Einigung festgestellt werden kann, welche Sachen übereignet wurden.
- Markierungsübereignung (alle Pkw mit gelbem Aufkleber)
- Übereignung aller Sachen einer Gattung (alle gelben VW Golf)

(–)

- Bloße Mengen- und Wertangaben
  „(Irgendwelche) drei Pkw im Gesamtwert von 100.000 €"
- Alleinige Verwendung des Begriffs „Inventar"

Sicherungseigentum (2)

Besondere Unwirksamkeitsgründe gem. § 138 I

- Eine evtl. **Sittenwidrigkeit des Sicherungsvertrags** umfasst grds. nicht die abstrakte Übereignung (**Abstraktionsprinzip**, 1).
- Die **Eigentumsübertragung ist grundsätzlich wertneutral**. Die dingliche Einigung ist daher grds. nicht nach § 138 I sittenwidrig.
- Die Sicherungsübereignung ist jedoch gem. § 138 I nichtig, wenn die Sittenwidrigkeit **gerade im Vollzug der Einigung** liegt. Es gibt zwei klassische **Fallgruppen:**
  - **Knebelung des Sicherungsnehmers**
    I. **Objektiver Tatbestand:** Zwangslage des Sicherungsgebers ohne wirtschaftliche Bewegungsfreiheit

    So weitgehende Einflussnahmemöglichkeit des Gläubigers auf Betriebsführung des Sicherungsgebers, dass Sicherungsgeber keine wesentlichen Entscheidungen mehr selbst treffen kann.

    II. **Subjektiver Tatbestand:** dem Sicherungsnehmer muss sich die wirtschaftliche Einengung aufdrängen.
  - **Gläubigergefährdung durch anfängliche Übersicherung**
    I. **Objektiver Tatbestand:** Bei Abschluss des Sicherungsvertrages ist gewiss, dass im Verwertungsfall ein auffälliges Missverhältnis zwischen realisierbarem Wert der Sicherheit und gesicherter Forderung besteht.

    II. **Subjektiver Tatbestand:** Verwerfliche Gesinnung des Sicherungsnehmers

Die **nachträgliche Übersicherung führt** hingegen unabhängig davon, ob der Sicherungsvertrag Regelungen zur Freigabe von Sicherheiten enthält, **nicht zur Nichtigkeit** des Sicherungsvertrages bzw. der Sicherungsübereignung. Aus der Natur des Sicherungsvertrages ergibt sich nämlich in diesem Fall ohnehin konkludent ein ermessensunabhängiger Freigabeanspruch des Sicherungsgebers gegen den Sicherungsnehmer (47).

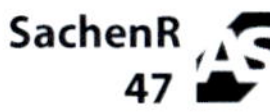

Sicherungseigentum (3)

Inhalt und Bedeutung des Sicherungsvertrags

- **Schuldrechtliches Grundgeschäft (Rechtsgrund)** für die Sicherungsübereignung (⚠ nicht etwa der Darlehensvertrag oder der Vertrag, aus dem die zu sichernde Forderung stammt).
- Ohne besondere Abrede **kein** Schluss darauf, dass die Sicherungsübereignung **auflösend bedingt** (§ 158 II) durch die Tilgung der gesicherten Forderung erfolgt (kann allerdings ausdrücklich vereinbart werden).
- Auch ohne besondere Vereinbarung **ermessensunabhängiger schuldrechtlicher Freigabeanspruch bei nachträglicher Übersicherung** (Beschränkungen durch AGB sind nach § 307 unwirksam):

  Der gesicherte Anspruch wird in Raten erfüllt.

  - Entsteht, sobald der **realisierbare Wert** der Sicherheit **110 % der gesicherten Forderung** beträgt (10% Zuschlag für Kosten der Verwertung und Rechtsverfolgung).
  - Realisierbarer Wert ist oft schwierig zu ermitteln. Daher entsprechend § 237 S. 1 widerlegbare (§ 292 ZPO) **Vermutung**, dass eine nachträgliche Übersicherung entsteht, sobald der **Schätzwert** des Sicherungseigentums **150 % der gesicherten Forderung** beträgt.

  Die Grenze für die anfängliche Übersicherung liegt jedenfalls über der Grenze der nachträgliche Übersicherung, weil erstere schwerer vorherzusehen ist.
- Soll das Sicherungsgut durch Sicherungsgeber **weiterveräußert** werden: **Ermächtigung** des Sicherungsgebers durch Sicherungsnehmer, sodass der Sicherungsgeber (obwohl der Sicherungsnehmer Eigentümer ist) seinen Abkäufern das **Eigentum gem. §§ 929 ff., 185 I als Berechtigter übertragen** kann.

  Oft wird als Gegenleistung die aus der Weiterveräußerung entstehende **Forderung** des Sicherungsgebers gegen den Abkäufer an den Sicherungsnehmer antizipiert abgetreten; vgl. Parallele zum verlängerten Eigentumsvorbehalt, 53.
- Soll das Sicherungsgut **verarbeitet** werden: **Herstellerklausel** möglich, dazu 40

Sicherungseigentum (4)

Inhalt und Bedeutung des Sicherungsvertrags (Fortsetzung)

- **Fortfall des Sicherungszwecks:** Wenn gesicherte Forderung erfüllt wird, dann hat der Sicherungsgeber Anspruch auf Rückübereignung der Sache.
- **Eintritt des Sicherungsfalls:** Wenn gesicherte Forderung bei Fälligkeit nicht erfüllt wird, dann hat der Sicherungsnehmer Anspruch auf Herausgabe der Sache (und aus § 985, Recht zum Besitz entfällt).

Sicherungseigentum in Zwangsvollstreckung und Insolvenz

A. Rechte des Sicherungsnehmers:

- **Insolvenz** des Sicherungsgebers: Kein Aussonderungsrecht (§ 47 InsO), sondern nur Recht auf abgesonderte Befriedigung, § 51 Nr. 1 InsO
- **Einzelzwangsvollstreckung** durch andere Gläubiger in Vermögen des Sicherungsgebers: ϟ Nach h.M. Drittwiderspruchsklage, § 771 ZPO (a.A. nur abgesonderte Befriedigung gem. § 805 ZPO) (⚠ Unterschied zur Insolvenz: In Insolvenz soll Gläubiger nicht Masseanspruch wegen Forderung **und** Absonderungsrecht haben)

B. Rechte des Sicherungsgebers:

- **Insolvenz** des Sicherungsnehmers: Aussonderungsrecht gem. § 47 InsO Zug um Zug gegen Tilgung der gesicherten Forderung
- **Einzelzwangsvollstreckung** in Vermögen des Sicherungsnehmers: Drittwiderspruchsklage gem. § 771 ZPO

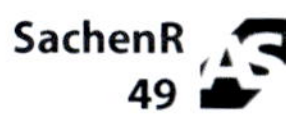

Anwartschaftsrecht (1)

➲ Ein Anwartschaftsrecht entsteht, wenn von einem **mehraktigen Entstehungstatbestand eines Rechts** schon so viele Erfordernisse erfüllt sind, dass eine **gesicherte Erwerbsposition des Erwerbers** besteht, die der Veräußerer **nicht mehr durch einseitiges Verhalten vernichten** kann.

Bei **Mobilien:** Hauptfall **Anwartschaftsrecht des Vorbehaltskäufers** aufgrund aufschiebender Bedingung (§ 158 I) – darauf beziehen sich die folgenden Karteikarten (oder Anwartschaftsrecht des Sicherungsgebers, wenn Sicherungsübereignung ausnahmsweise auflösend bedingt [§ 158 II] ist); arg. für beide Fälle: §§ 161, 162

Bei **Immobilien: Bindende Auflassung** (§ 873 II) und Stellung eines **Antrags auf Eigentumsumschreibung** durch den **Erwerber** oder **bindende Auflassung** und Eintragung einer **Auflassungsvormerkung**

Theoretisch kann hinsichtlich eines jeden dinglichen Rechts ein Anwartschaftsrecht begründet werden. Hauptfall in Klausur und Praxis ist das **Anwartschaftsrecht am Eigentum**.

Rechtsverhältnisse beim Erwerb von beweglichen Sachen unter Eigentumsvorbehalt

1. **Unbedingter Kaufvertrag** über eine Sache (§ 433), mit Modifizierung der Verkäuferpflichten aus § 433 I 1 dahingehend, dass der Verkäufer zwar übergeben, aber das Eigentum nur **aufschiebend bedingt durch die vollständige Kaufpreiszahlung** übertragen muss.

   ⚠ Ist der Käufer **Verbraucher**, können auf den Kaufvertrag die Regeln über **Finanzierungshilfen, §§ 506 ff.** (z.B. Teilzahlungsgeschäfte), Anwendung finden, sodass die Form des § 492 und die Widerrufsregeln der §§ 506, 495 I sowie die Sondervorschriften im Falle der Nichtzahlung durch den Verbraucher zu beachten sind.

2. **Übereignung** der Sache gem. §§ 929 S. 1, 158 I unter der **aufschiebenden Bedingung der vollständigen Kaufpreiszahlung**

   Damit hat Verkäufer seine Pflichten aus dem modifizierten Kaufvertrag vollständig erfüllt, § 362 I.

Anwartschaftsrecht (2)

Rechtsnatur

Nach h.M. ist das Anwartschaftsrecht wegen des numerus clausus der Sachenrechte (Typenzwang, 2) **kein beschränkt dingliches Recht** (wie z.B. das Pfandrecht), sondern eine **Vorstufe** des zu erwerbenden dinglichen Rechts, also ein **wesensgleiches Minus** gegenuber dem zu erwerbenden **Vollrecht** (z.B.: dem Eigentum). Deshalb werden die Vorschriften für das Vollrecht weitgehend entsprechend auf das Anwartschaftsrecht angewandt.

Bestellung (Ersterwerb) eines Eigentumsanwartschaftsrechts beim Vorbehaltskauf einer beweglichen Sache

A. Bedingte Einigung über den Eigentumsübergang, §§ 929 S. 1, 158 I

Auch konkludent, z.B. durch Zurückbehaltung des Kfz-Briefs bei Fahrzeugübergabe, wenn der Käufer nicht sofort komplett zahlt.

B. Übergabe bzw. Übergabesurrogat

Der Eigentumsvorbehaltskaufvertrag begründet ein Besitzmittlungsverhältnis i.S.v. § 868, sodass der Veräußerer nicht jede besitzrechtliche Position verliert. Gleichwohl wird eine Übergabe (20, 21) bejaht.

C. Berechtigung zur Übereignung oder § 185 II 1 oder gutgläubiger Erwerb nach §§ 932–935

(25 u. 28 ff.)

D. Bedingungseintritt noch möglich

- Keine Unwirksamkeit des Vorbehaltskaufvertrages
  - Anfechtung; mangelnde Geschäftsfähigkeit
- Keine Umwandlung des Vorbehaltskaufvertrages in ein Rückgewährschuldverhältnis, vgl. § 449 II
- Keine Aufhebung des Vorbehaltskaufvertrages durch die Parteien

Anwartschaftsrecht (3)

Vereinbarung eines Eigentumsvorbehaltes in AGB

⚠ Ein Eigentumsvorbehaltskauf muss von den Parteien **vereinbart** werden und kann nicht einseitig durch eine Partei erfolgen. Gleichwohl kann der Verkäufer auch nach einem normalen Kauf nur bedingt übereignen, dann verstößt er allerdings gegen seine (nicht einvernehmlich modifizierte) Pflicht aus § 433 I 1 Var. 2 zur unbedingten Übereignung.

- **Wirksame Einbeziehung der AGB bei Vertragsschluss:**
  - Kaufvertrag wirksam
  - Antizipierte Einigung über **Eigentumsvorbehalt**
- **Aushändigung der AGB erst bei Lieferung:**
  - Aushändigung an **zur Vertragsgestaltung befugte Person:** Kaufvertrag wird bei Entgegennahme der Lieferung **konkludent geändert** und Sache wird **konkludent bedingt übereignet** (bei **Zurückweisung** der Lieferung: Anspruch auf unbedingte Übereignung bleibt bestehen).
  - Aushändigung an **andere Hilfsperson:** Anspruch aus Kaufvertrag auf unbedingte Übereignung wird erfüllt, Eigentum geht nach § 929 S. 1 unbedingt über.
- **Widersprechende AGB (Eigentumsvorbehalt vs. Abwehrklausel):**
  - Keine Nichtigkeit wegen Totaldissens, wenn Vertrag trotzdem durchgeführt wird/werden soll
  - Dingliches Einigungsangebot nur bedingt, d.h. kein sofortiger Eigentumserwerb (aber kaufvertragswidriges Verhalten des Verkäufers)

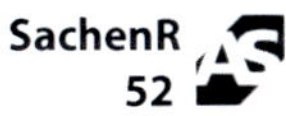

Anwartschaftsrecht (4)

Besondere Arten des Eigentumsvorbehalts

1. Erweiterter Eigentumsvorbehalt

„Erweiterung" des Eigentumsvorbehaltes auf die Erfüllung weiterer Forderungen

Kontokorrentvorbehalt = Erweiterung auf alle Forderungen aus der Geschäftsbeziehung: zulässig

Konzernvorbehalt = Erweiterung auf alle Forderungen eines Unternehmens auf Verkäuferseite: unzulässig, § 449 III; Erweiterung auf alle Verbindlichkeiten eines Unternehmens auf Käuferseite: zulässig (arg. e con. § 449 III)

2. Verlängerter Eigentumsvorbehalt

a) Verarbeitungsklausel (s.a. 40)

- Bei Weiterverarbeitung soll Hersteller nicht der Käufer, sondern der seine alte Sicherheit verlierende Vorbehaltsverkäufer sein, um so gem. § 950 I Eigentümer der neuen Sache als Sicherheit zu werden. ⚡:
  - Nach h.Rspr. ist Vereinbarung der Herstellereigenschaft i.S.d. § 950 **möglich**.
  - Nach h.Lit. ist die Herstellereigenschaft **nicht vereinbar**. In der gescheiterten Vereinbarung liegt aber eine antizipierte Sicherungsübereignung der neu hergestellten Sache an den Vorbehaltsverkäufer.

  ⚠ Folgt man der h.Lit., so erwirbt der Käufer kurz Eigentum (**Durchgangserwerb** des Vorbehaltsverkäufers), sodass Pfandrechte für Gläubiger des Käufers entstehen können.
- Bei **Kollision der Verarbeitungsklausel mit einer (vorherigen) Sicherungsübereignung** (z.B. an eine Bank) ist die (zeitlich spätere) Sicherungsübereingung an den Vorbehaltsverkäufer wirksam, da der Vorbehaltskäufer zum Ausdruck bringt, nur für den letzten Sicherungsnehmer (wie von § 930 gefordert) besitzen zu wollen. Gleiches gilt bei **späterer Sicherungsübereignung** an die Bank, soweit diese gemäß § 138 I sittenwidrig ist (Verleitung zum Vertragsbruch, 53, Schuldrecht AT 2).

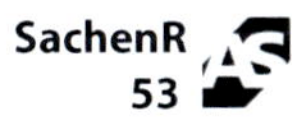

Besondere Arten des Eigentumsvorbehalts (Fortsetzung)

2. Verlängerter Eigentumsvorbehalt (Fortsetzung)

b) Rechtsverhältnisse bei Vorausabtretung der Forderungen aus Weiterveräußerung

- Verkäufer gem. §§ 433 I 1, 449 I nur zur aufschiebend durch Kaufpreiszahlung bedingten Übereignung verpflichtet **(Eigentumsvorbehaltskaufvertrag)**.
- Der Verkäufer überträgt das Eigentum unter der aufschiebenden Bedingung der vollständigen Zahlung des Kaufpreises, §§ 929 S. 1, 158 I **(bedingte Übereignung)**.
- Käufer wird widerruflich (§ 183) **ermächtigt** (§ 185 I), die Sache im gewöhnlichen Geschäftsbetrieb an Abkäufer weiter zu veräußern.
- Diese Ermächtigung steht aber ihrerseits unter der Bedingung (§ 158 I), dass der Käufer seine **Kaufpreisforderung gegen den Abkäufer an den Verkäufer wirksam abtritt** (§ 398).
  - ⚠ Bei **Abtretungsverbot** zwischen Käufer und Abkäufer (§ 399 Var. 2) ist der Käufer daher nicht zur Weiterveräußerung berechtigt. Anders, wenn das Abtretungsverbot unwirksam ist **(§ 354 a I HGB)**.
  - ⚠ Die Vorausabtretung kann wegen **Übersicherung oder Knebelung** unwirksam sein, 🗗 46.
- Der Käufer ist schließlich **ermächtigt**, die **Forderung** für den Verkäufer **mit Erfüllungswirkung** (§§ 362 II, 185 I) **einzuziehen** (§ 185 I analog).

c) „Kollision" des verlängerten Eigentumsvorbehaltes mit einer Globalzession

Es gilt der **Prioritätsgrundsatz**. Allerdings ist eine frühere Globalzession an eine Bank nach § 138 I wegen **Verleitung zum Vertragsbruch sittenwidrig**, wenn sie auch solche Forderungen umfassen soll, die der Schuldner später seinen Lieferanten aufgrund verlängerten Eigentumsvorbehaltes abtreten muss. Der Schuldner wäre gezwungen, seine Pflicht zur Abtretung an den Lieferanten zu brechen. Zur Vermeidung der Sittenwidrigkeit ist eine **dingliche Teilverzichtsklausel** erforderlich, die dem verlängerten Eigentumsvorbehalt ipso iure Vorrang einräumt.

Anwartschaftsrecht (6)

Schutz des Anwartschaftsrechts gegenüber dem Eigentümer

Zwischenverfügungen durch den Eigentümer (Vorbehaltsverkäufer)

V veräußert an K einen Fernseher unter Eigentumsvorbehalt und übergibt K das Gerät. Sodann verkauft und übereignet V den Fernseher unbedingt an D und tritt ihm seine Ansprüche gegenüber K ab.

K ↕ V ↕ D

1. K erlangt von V gem. §§ 929 S. 1, 158 I ein Anwartschaftsrecht. **2.** V bleibt aber verfügungsbefugter Eigentümer, kann also als Berechtigter an D, z.B. gem. §§ 929 S. 1, 931, übereignen, sodass D zunächst Eigentümer wird. **3.** Verfügungen, die der Rechtsinhaber während der Schwebezeit trifft, werden aber mit Bedingungseintritt unwirksam gem. § 161 I, soweit sie die Rechte des bedingten Erwerbers vereiteln oder beeinträchtigen. Die Unwirksamkeit ist absolut, wirkt also gegen jedermann. Die Übereignung V–D wird daher unwirksam, sobald K vollständig an V zahlt. **4.** Gem. § 161 III, § 936 I 1 (a.A.: § 934 analog) kann D jedoch gutgläubig lastenfrei (d.h. anwartschaftsrechtsfrei) Eigentum erworben haben. **5.** Bei Veräußerung nach §§ 929 S. 1, 931 bleibt gem. § 936 III (a.A.: § 936 III analog) das Recht des Dritten jedoch bestehen, wenn er – wie hier K – im Besitz der Sache ist. Im Ergebnis ist K Eigentümer.

⚠ Erwirbt der Dritte (hier D) gutgläubig „anwartschaftsrechtsfrei" Eigentum, haftet der Verkäufer (V) dem Käufer (K) gem. § 160 I auf das Erfüllungsinteresse.

Recht zum Besitz gegenüber dem Anspruch aus § 985

- Gegenüber dem Vorbehaltsverkäufer (Eigentümer) hat der Anwartschaftsberechtigte ein **obligatorisches** Recht zum Besitz i.S.v. § 986 I 1 aus dem **Vorbehaltskaufvertrag** (vgl. § 449 II).
- ϟ Str. ist, ob das Anwartschaftsrecht als solches auch ein **dingliches Recht zum Besitz** gewährt:
  - Nach Rspr. kein dingliches Recht zum Besitz, da vom Bestehen des Vorbehaltskaufs abhängig
  - Nach a.A. muss der Eigentumsvorbehaltskäufer, insbes. bei Zwischenverfügung durch den Vorbehaltsverkäufer, auch vor Bedingungseintritt vor Herausgabeverlangen des neuen Eigentümers geschützt werden. Jedoch wirkt der Vorbehaltskaufvertrag (im Beispiel oben: zwischen V und K) ohnehin auch gegenüber dem neuen Eigentümer (D), § 986 II.

Anwartschaftsrecht (7)

Schutz des Anwartschaftsrechts gegenüber Dritten

Grundsätzlich kann der Anwartschaftsberechtigte als Inhaber „geminderten Eigentums" **die dem Eigentümer zustehenden Rechte** geltend machen. Die **Mitberechtigung des Eigentümers** ist aber immer **in die Wertung einzubeziehen**:

- **Herausgabeansprüche:**
  - **Besitzschutzansprüche** aus §§ 861, 1007 (13 ff.) ohne Besonderheiten, wenn Vorbehaltskäufer früherer Besitzer war
  - **Eigentumsherausgabeanspruch** aus § 985 analog gegen Dritte (nicht gegen den Eigentümer)
- **Schadensersatzanspruch gem. § 823 I**
  - Anwartschaftsrecht ist **sonstiges Recht** i.S.v. § 823 I.
  - Umstritten ist die **Berechnung** des Schadens:
    - Laut Rspr. muss der Schädiger seine Zahlung zwischen Verkäufer und Käufer entsprechend der bereits gezahlten Kaufpreisraten teilen.
    - Nach der h.Lit. ist dem Schädiger die Aufklärung der Höhe der bereits gezahlten Kaufpreisraten nicht zuzumuten. Verkäufer und Käufer seien daher gemeinschaftliche Gläubiger (§ 432 oder § 1281 entspr.), sodass keine Gefahr einer doppelten Inanspruchnahme des Schädigers bestehe.
- **Nutzungsersatz:** Der Nutzungsersatzanspruch aus §§ 987, 812 steht dem Anwartschaftsberechtigten zu, da dieser im Verhältnis zum Eigentümer allein nutzungsberechtigt ist.
- **Bereicherungsrecht:** Bei dem Erlösanspruch gem. § 816 I 1 wegen einer wirksamen Verfügung eines Nichtberechtigten und dem Wertersatzanspruch gem. § 812 I 2 wegen einer Eingriffskondiktion gelten nach h.Lit. – wie bei § 823 – § 432 bzw. § 1281 entsprechend.

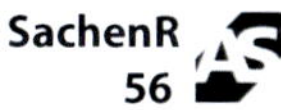

Anwartschaftsrecht (8)

Verfügungen über das Anwartschaftsrecht

- **Übertragung** (Zweiterwerb, insbes. vom Vorbehaltskäufer)

1. **Einigung** über die Übertragung des Anwartschaftsrechtes gem. §§ 929 ff. analog (a.A.: §§ 413, 398)

   In der Einigung über die Übertragung des Eigentums liegt – als Minus – **konkludent auch eine Einigung über die Übertragung des Anwartschaftsrechts**. Scheitert die vereinbarte Eigentumsübertragung, so ist i.d.R. eine konkludente Einigung über die Übertragung des Anwartschaftsrechts zustande gekommen.

2. **Übergabe / Übergabesurrogat**
3. **Berechtigung** bzw. Erwerb vom Nichtberechtigten gem. § 185 II 1 oder §§ 932 ff.
   - Veräußerer muss zur Übertragung des Anwartschaftsrechts (⚠ nicht des Eigentums) berechtigt, d.h. verfügungsbefugter **Anwartschaftsrechtsinhaber** oder von diesem bzw. per Gesetz ermächtigt sein.
   - §§ 932 ff. schützen nur den guten Glauben an Inhaberschaft eines bestehenden Anwartschaftsrechts (nicht an Bestehen des Anwartschaftsrechts, d.h. Anwartschaftsrecht muss tatsächlich bestehen).
4. **Eintritt der Bedingung** muss **noch möglich** sein (🗗 50).

   ⚠ Tritt die Bedingung sodann ein, d.h. wird der Kaufpreis bezahlt, so wird der Zweiterwerber nach h.M. unmittelbar Eigentümer. (Das Anwartschaftsrecht „erstarkt" beim Berechtigten zum Vollrecht = **Direkterwerb**.) Eine Pfändung des (vermeintlichen) Eigentums beim Ersterwerber hat daher keine Auswirkung, denn der Ersterwerber hat nie Eigentum erlangt **(kein Durchgangserwerb)**.

Prüfung des Eigentumserwerbs eines Dritten vom Vorbehaltskäufer:

a) **Eigentum vom Berechtigten?** (–), wenn Vorbehaltskäufer (noch) kein Eigentümer und keine Ermächtigung durch Vorbehaltsverkäufer gem. § 185 I (wird nur beim verlängerten Eigentumsvorbehalt erteilt, 🗗 53)

b) **Eigentum vom Nichtberechtigten?** nur bei Übergabe, abgesehen von § 934 Var. 1

c) **Anwartschaftsrecht** erworben (vom Berechtigten oder Nichtberechtigten) und durch Zahlung **zum Eigentum erstarkt**?

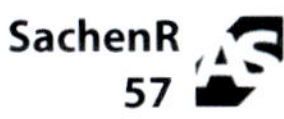

Anwartschaftsrecht (9)

Verfügungen über das Anwartschaftsrecht (Fortsetzung)

- **Inhaltsänderung**
  - Parteien können Anwartschaftsrecht grds. frei ändern, z.B. also auch nachträglich vereinbaren, dass **weitere Forderungen gesichert** werden (erweiterter Eigentumsvorbehalt, 52).
  - Hat der Vorbehaltskäufer sein Anwartschaftsrecht bereits wirksam an einen Dritten übertragen, liegt in einer solchen Absicherung weiterer Forderungen eine **Inhaltsänderung** zulasten des Dritten, die die Parteien **nicht ohne Zustimmung des Dritten** vornehmen können.

    Gleichwohl kann der Vorbehaltskäufer den Kaufvertrag beseitigen, indem er **anficht** oder **zurücktritt**. Gestaltungsrechte des Kaufvertrages werden durch die Übertragung des Anwartschaftsrechts nicht berührt. Der Erwerber eines Anwartschaftsrechts trägt also das Untergangsrisiko des Anwartschaftsrechts durch „Bedingungsausfall".
- **Belastung**
  - **Vermieterpfandrecht**, § 562 I / **Werkunternehmerpfandrecht**, § 647
  - Rechtsgeschäftliche **Verpfändung** analog §§ 1204, 1205 durch Einigung und Besitzübertragung
  - Erstreckung des **Haftungsverbandes der Hypothek** auf das Anwartschaftsrecht, § 1120 (88)

  ⚠ Verwertung eines Anwartschaftsrechtes in der Einzelzwangsvollstreckung durch sog. **Doppelpfändung**, d.h. Pfändung des Anwartschaftsrechts durch Rechtspfändung gem. § 857 ZPO und durch Sachpfändung gem. § 808 ZPO (h.M.)
- **Aufhebung / Erlöschen**
  - **Bedingungseintritt**, dann entsteht das Vollrecht
  - **Unmöglichkeit des Bedingungseintritts** (Rücktritt vom Kaufvertrag) } Anwartschaftsrecht erlischt
  - Erwerb lastenfreien **(„anwartschaftsfreien") Eigentums** durch einen Dritten (36) } Anwartschaftsrecht erlischt
  - Einverständliche **Aufhebung** des Anwartschaftsrechts (durch Aufhebung des Kaufvertrages)

  Str. ist, ob für die Aufhebung des Anwartschaftsrechts analog § 1276 die **Zustimmung des Hypothekeninhabers** erforderlich ist, wenn das Anwartschaftsrecht in den Haftungsverband der Hypothek fällt (vgl. 88). Die h.M. lehnt dies ab, da der stärkere Schutz des Hypothekeninhabers als Rechtspfandgläubigers im Vergleich zum Sachpfandgläubiger hinsichtlich des Anwartschaftsrechts als Vorstufe zum der Sachpfändung unterfallenden Eigentum nicht angemessen sei.

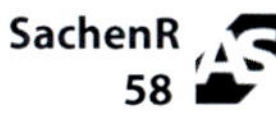

Faustpfandrecht an beweglichen Sachen (1)

Entstehung (Ersterwerb) eines vertraglichen Faustpfandrechtes, §§ 1204, 1205

A. **Einigung** zwischen Verpfänder und Gläubiger der zu sichernden Forderung über Entstehung, §§ 1204, 1205

B. Bestehen der zu sichernden **Forderung**

C. **Übergabe** der beweglichen Sache oder **Übergabesurrogat**, 20 ff.

Modifikationen zu §§ 929 ff. gem. §§ 1205 f.:

- Ein Pfandrecht kann **nicht** durch Begründung eines **Besitzkonstitutes** entstehen, § 930.
- Bei **Abtretung des Herausgabeanspruchs** muss zusätzlich eine **Abtretungsanzeige** erfolgen, § 1205 II.
- Anders als in den §§ 929 ff. ist nicht erforderlich, dass der Verpfänder **jede besitzrechtliche Position verliert** (die Einräumung **qualifizierten Mitbesitzes** reicht für eine Verpfändung aus).

D. **Berechtigung** des Verpfänders, über das Eigentums per Belastung zu verfügen, oder **Erwerb vom Nichtberechtigten**

- Verfügungsbefugter **Eigentümer** oder der gesetzlich oder gem. § 185 I zur Verfügung Ermächtigte
- Gutgläubiger Erwerb vom Nichtberechtigten gem. § 185 II 1 oder §§ 1207, 932, 934 (935) möglich

Exkurs: Entstehung (Ersterwerb) eines gesetzlichen Pfandrechtes

A. **Anordnung** eines gesetzlichen Pfandrechts (Werkunternehmer, § 647; Vermieter- bzw. Verpächter, § 562 I, §§ 581, 592; Gastwirt, § 704; hinterlegte Gegenstände, § 233; handelsrechtliche Pfandrechte, §§ 397, 441, 464, 475 b HGB)

B. Bestehen der zu sichernden **Forderung**

C. Besitzposition: bei **Besitzpfandrechten** (Werkunternehmerpfandrecht, Pfandrechte des HGB) muss Gläubiger Besitzer der beweglichen Sache sein; bei **besitzlosen Pfandrechten** (Vermieterpfandrecht, Pfandrecht des Gastwirtes) genügt die Einbringung der beweglichen Sache.

D. **Eigentum** des Schuldners: Gesetzliche Pfandrechte entstehen nur an beweglichen Sachen des Schuldners. Ein gutgläubiger Ersterwerb vom Nichtberechtigten ist nicht möglich (auch nicht analog §§ 1207, 1257, da § 1257 die Entstehung nicht zur Folge hat, sondern tatbestandlich voraussetzt). Ausnahme: § 366 III HGB

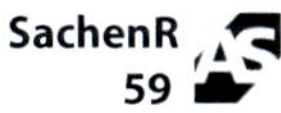

Faustpfandrecht an beweglichen Sachen (2)

Übertragung (Zweiterwerb) des Pfandrechts

- **Rechtsgeschäftlich**
  - Eine „rechtsgeschäftliche" Übertragung ist nur durch **Abtretung der gesicherten Forderung** möglich (das Pfandrecht geht wegen seiner strengen Akzessorietät dann – kraft Gesetzes – auf den neuen Gläubiger über, §§ 398, 1250, 401 (vgl. die Parallele zur Übertragung einer Hypothek, ⧉ 79).
  - Eine **Besitzübertragung** ist – auch bei Besitzpfandrechten – **nicht erforderlich** (arg. ex § 1251, nach dem der neue Gläubiger die Pfandsache herausverlangen kann).
  - Eine Abtretung unter **Ausschluss des Pfandrechtsübergangs** bringt das Pfandrecht zum Erlöschen, § 1250 II.
  - Anders als bei der Hypothek (⧉ 78 ff.) ist ein **gutgläubiger Zweiterwerb** eines Pfandrechts vom Nichtberechtigten **nicht möglich**, denn das Pfandrecht wird durch keinen Publizitätsträger verbrieft.
- **Gesetzlich**

  Bei einem **gesetzlichen Forderungsübergang** geht i.d.R. auch das Pfandrecht über, §§ 412, 401.

  - 🔍 Bezahlung der Forderung durch den Verpfänder, der nicht persönlicher Schuldner ist, § 1225
  - 🔍 Zahlung der Forderung durch einen anderen Ablösungsberechtigten, §§ 1249, 268 III 1
  - 🔍 Ist die Forderung durch mehrere Pfandrechte oder durch Bürgschaft und Pfandrecht gesichert, erwirbt der zuerst Zahlende direkt oder entsprechend §§ 774 II, 1225 S. 2 i.V.m. § 426 die Sicherheit des anderen nur anteilig (**kein Wettlauf der Sicherungsgeber**, ⧉ Schuldrecht AT 2 und ⧉ Schuldrecht BT 2).

Faustpfandrecht an beweglichen Sachen (3)

Erlöschen des Pfandrechts

- **Erlöschen** der gesicherten **Forderung**, § 1252 (Akzessorietät)
- Freiwillige **Rückgabe** der beweglichen Sache, § 1253

  ⚠ Gilt nur für das Besitzpfandrecht; Besonderheiten gem. § 441 II, III HGB
- **Verzicht** des Pfandgläubigers, § 1255
- **Vereinigung von Pfandrecht und Eigentum** in einer Person, § 1256 I

  ⚠ Ausnahmen in § 1256 I 2 und II, wenn die gesicherte Forderung mit dem Recht eines Dritten belastet ist oder der Eigentümer ein rechtliches Interesse an dem Fortbestehen hat.
- Rechtmäßiger **Verkauf** (Verwertung), § 1242 II
- Gutgläubiger **lastenfreier Erwerb** der Pfandsache durch einen Dritten (§§ 936 I, 945, 949, 973)

Faustpfandrecht an beweglichen Sachen (4)

Verwertung des Pfandrechts

A. Person des Verwertenden, §§ 1235, 383 III, 1245:

Gerichtsvollzieher, Auktionator, Privatperson (wenn vereinbart)

B. Vorgeschriebener Ablauf der Verwertung

Rechtmäßigkeitsvoraussetzungen

- Bestehen des Pfandrechts, 🗗 58 f.
- Pfandreife, § 1228 II (i.d.R. bei Fälligkeit der Forderung oder – sofern keine Geldforderung besteht – sobald Forderung in Geldforderung übergegangen ist)
- Kein Überverkauf, § 1230 S. 2
- Richtige Verwertungsart
  - Öffentliche Versteigerung, § 1235 I
  - Freihändiger Verkauf bei Börsen- oder Marktpreis, § 1235 II i.V.m. § 1221
- Öffentliche Bekanntmachung, § 1237 S. 1

Bei NICHTBEACHTUNG: Verwertung ist rechtswidrig

Abgrenzung von bloßen Ordnungsvorschriften

- Androhung des Pfandverkaufs, § 1234 I
- Benachrichtigung des Verpfänders, § 1237 S. 2
- Einhaltung der Monatsfrist, § 1234 II
- Mitteilung des Ergebnisses, § 1241
- Verkauf nur gegen Barzahlung und kassatorische Klausel, § 1238 I

BEI NICHTBEACHTUNG: **Verwertung ist trotzdem rechtmäßig**, Pfandgläubiger ist aber zum Schadensersatz verpflichtet, § 1243 II.

C. Folgen der Verwertung

Verwertung RECHTSWIDRIG, §§ 1244, 1247 S. 2

- Erwerber des Pfandes kann **gutgläubig Eigentum** erwerben, §§ 1244, 932–934, 936.
- **Dingliche Surrogation**: Eigentümer des Pfandes erlangt Eigentum am Erlös und Pfandgläubiger (soweit ihm ein Pfandrecht zusteht) ein Pfandrecht am Erlös, § 1247 S. 2

Verwertung RECHTMÄSSIG, §§ 1242, 1247

- **Erwerber** des Pfandes **erlangt Eigentum**.
- Etwaige andere **Pfandrechte** an der Sache **erlöschen**.
- **Pfandgläubiger erhält Eigentum am Erlös**, soweit Forderung besteht und **Forderung erlischt**.
- Restlicher Erlös gebührt dem Eigentümer.

Pfandrecht an Rechten (1)

Besonderheiten des Pfandrechts an Rechten, §§ 1273 ff.

Verpfändung (Ersterwerb)

- **Grundsatz: Wie** das Recht **übertragen** wird, **so** wird es auch **verpfändet**, § 1274 I 1.
  - Ist ein **Recht nicht übertragbar**, kann an ihm auch **kein Pfandrecht** bestellt werden, § 1274 II.
  - Ist zur Übertragung des Rechtes die **Übergabe** einer Sache erforderlich, geschieht dies entsprechend §§ 1205, 1206.

    Der Grundschuldbrief bei der Briefgrundschuld
- Bei Verpfändung einer **Forderung** (durch Abtretung, § 398) ist zusätzlich immer eine **Abtretungsanzeige** des verpfändenden Gläubigers erforderlich, § 1280.
- Soweit das **Recht gutgläubig erworben** werden kann, kann auch das **Pfandrecht** am Recht **vom Nichtberechtigten gutgläubig erworben** werden.

  Grundpfandrechte

Übertragung (Zweiterwerb) / Erlöschen

wie bei Pfandrechten an beweglichen Sachen, 59 f.

Pfandrecht an Rechten (2)

Besonderheiten des Pfandrechts an Rechten, §§ 1273 ff. (Fortsetzung)

Verwertung

- Die Verwertung des Pfandrechts an einem **Recht, das keine Forderung darstellt**, erfolgt nach den Vorschriften der **Zwangsvollstreckung** und erfordert einen **vollstreckbaren Titel**, § 1277.
- Bei verpfändeten **Forderungen** kann der Schuldner grds.
  - **vor Pfandreife** (vor Fälligkeit der gesicherten Forderung) nur an Forderungsgläubiger und Pfandgläubiger gemeinschaftlich befreiend leisten, § 1281.
  - **nach Pfandreife** (mit Fälligkeit der gesicherten Forderung) nur noch an den Pfandgläubiger befreiend leisten und nur dieser ist zur Einziehung berechtigt, § 1282.
- Bei verpfändeten **Forderungen**, die **auf Verschaffung eines Gegenstandes gerichtet** sind, setzt sich das Pfandrecht gem. § 1287 im Wege **dinglicher Surrogation** an diesem Gegenstand fort, sobald er verschafft wurde.

  Wenn dem Forderungsgläubiger das Eigentum verschafft wird, erwirbt der Pfandgläubiger ein Pfandrecht an der Sache.

Übereignung von Grundstücken, §§ 873, 925

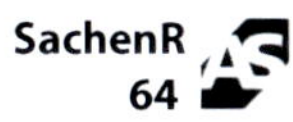

A. Auflassung (Einigung über den Eigentumsübergang, § 873, unter Beachtung des § 925)

I. Zustandekommen: Gleichzeitige Anwesenheit der Erklärenden vor dem Notar, ggf. unter Einigung unter Einschaltung von Vertretern (auch: Mitarbeiter des Notars) und Organen

Vertretung ist trotz der Form des § 925 I nach allg. Regeln zulässig. Die Vollmacht ist gem. § 167 II formfrei. Die Überbringung der Auflassungserklärung durch einen Boten scheidet aus, da keine gleichzeitige Anwesenheit.

II. Inhalt

1. Bestimmtheit: katastermäßige Vermessung; andernfalls konkrete Bezeichnung

   falsa demonstratio non nocet gilt auch für diese Einigung

2. Bedingungs- und Befristungsfeindlichkeit, § 925 II

3. Gem. § 926 I 2 Erstreckung im Zweifel auch auf Zubehör und (soweit keine Sonderrechte begründet) auf einfache Bestandteile, 5

   Wesentliche Bestandteile teilen ohnehin Schicksal der Hauptsache, §§ 93, 94.

III. Wirksamkeit, insbes. **Form des § 925 I:** Gleichzeitige Anwesenheit vor dem Notar

Weder Beurkundung noch Beglaubigung erforderlich. Mündliche Erklärung vor dem Notar genügt. Wegen Bindungswirkung des § 873 II und Verfahrensvorschrift des § 29 GBO wird in der Praxis beurkundet. Zudem wird mitunter die Auflassung schon im Kaufvertrag erklärt, der gem. § 311 b I beurkundet werden muss.

IV. Kein Widerruf der Einigung (Bindung nur gem. § 873 II, insbes. Var. 1: notarielle Beurkundung)

B. Eintragung des Eigentumswechsels in das Grundbuch

Eigentumswechsel nur soweit, wie Einigung = Eintragung; falsa demonstratio non nocet gilt insofern nicht

C. Berechtigung des Veräußerers, über das Eigentum per Übertragung zu verfügen (vgl. 25 f.):

Verfügungsbefugter **Eigentümer** sowie der gem. § 185 I oder kraft Gesetzes Ermächtigte

Erwerb von Grundstücken vom Nichtberechtigten, §§ 873, 925, 185 II, 878, 892

Zu den Voraussetzungen A. bis C. vgl. 64

A. Auflassung (Einigung über den Eigentumsübergang [§ 873] unter Beachtung des § 925)

B. Eintragung des Eigentumswechsels in das Grundbuch

C. Keine Berechtigung des Veräußerers

D. Erwerb vom Nichtberechtigten

I. Wirksamwerden der Verfügung gem. § 185 II 1

- Genehmigung, § 184
- Erwerb des Gegenstandes durch den Verfügenden
- Erbenstellung des Verfügenden und unbeschränkte Haftung für Nachlassverbindlichkeiten

II. Unbeachtlichkeit nachträglicher Verfügungsbeschränkung gem. § 878

Grds. ist die **Berechtigung des Veräußerers im Zeitpunkt des Rechtserwerbs** erforderlich. Gem. § 878 hindert eine **nach Abgabe der Einigungserklärungen** eintretende Verfügungsbeschränkung (z.B. nach § 81 I 1 InsO oder §§ 135, 136) den Rechtserwerb nicht, wenn die **Einigungserklärungen bindend** geworden sind (§ 873 II), der **Antrag auf Eintragung** in das Grundbuch gestellt wurde und alle weiteren Voraussetzungen (Genehmigungen) vorliegen.

III. (Lastenfreier) Erwerb vom Nichtberechtigten, § 892 (Einzelheiten 66 ff.)

1. Verkehrsgeschäft als Unterfall des Rechtsgeschäfts
2. Unrichtigkeit des Grundbuches
3. Legitimation des Verfügenden aus dem Grundbuch
4. Keine positive Kenntnis des Erwerbers von der Unrichtigkeit des Grundbuchs
5. Keine Eintragung eines Widerspruchs gegen die Richtigkeit des Grundbuchs

Während bei bewegl. Sachen ein gutgläubiger **lastenfreier** Erwerb nur nach § 936 möglich ist, findet bei Grundstücken einheitlich § 892 auch auf diesen Fall Anwendung.

(Lastenfreier) Erwerb von Grundstücken vom Nichtberechtigten, § 892 (1)

Verkehrsgeschäft als Unterfall des Rechtsgeschäfts

vgl. dazu 29

Unrichtigkeit des Grundbuchs

Materielle Rechtslage und Grundbuchinhalt sind im Idealfall gleich, **können sich** aber **unterscheiden**. Nur, wenn die materielle Rechtslage sich nicht ermitteln lässt, wird gem. § 891 vermutet, dass sie dem Grundbuchinhalt entspricht.

Das Grundbuch ist **unrichtig**, wenn das eingetragene **Recht** überhaupt nicht oder nicht mit dem Inhalt bzw. Rang besteht, wenn also der **Grundbuchinhalt von der materiellen Rechtslage abweicht**.

Beispiele:

- Als **Eigentümer** ist nicht die richtige Person eingetragen, § 892 I 1.
- Eine tatsächlich bestehende **Belastung** des Grundstücks ist nicht eingetragen (§ 892 I 1 negative Publizität, Dientbarkeit des D nicht eingetragen) oder eine tatsächlich nicht bestehende Belastung ist eingetragen (§ 892 I 1, positive Publizität, für G ist Grundschuld eingetragen, obwohl G keine Grundschuld innehat).
- Eine tatsächlich bestehende **relative Verfügungsbeschränkung** des Eigentümers ist nicht eingetragen, § 892 I 2.

  Insolvenzverwaltung, § 81 I 1 InsO (vgl. § 81 I 2 InsO); Nachlassverwaltung, § 1984; Testamentsvollstreckung, § 2211; Nacherbschaft, § 2113; Behördliches oder gerichtliches Veräußerungsverbot, §§ 135, 136

  Insoweit gilt gem. § 892 I **2 nur** die Vermutung der **Vollständigkeit** dessen, was im Grundbuch steht = **negative Publizität**. Die Verfügungsbeschränkung des Eigentümers wird von § 892 I 2 überwunden, nicht aber die fehlende Verfügungsbefugnis eines Dritten.

Absolute Verfügungsbeschränkungen (§ 1365) können **nicht** durch § 892 überwunden werden.

(Lastenfreier) Erwerb von Grundstücken vom Nichtberechtigten, § 892 (2)

Legitimation des Verfügenden aus dem Grundbuch

Der **Rechtsschein des Grundbuchs** muss gerade **den Verfügenden zu** exakt **der Verfügung legitimieren.**

Laut Grundbuch hat X eine Grundschuld am Grundstück des E. Dann ist X als (vermeintlicher) Inhaber der Grundschuld zur Übertragung der Grundschuld legitimiert, aber nicht zur Übereignung.

- Der Verfügende legitimiert sich als Berechtigter für eine **Eigentumsübertragung**, wenn er **als Eigentümer eingetragen** ist (§ 892 I 1) und wenn keine Verfügungsbeschränkung eingetragen ist (§ 892 I 2).

  Der Verfügende legitimiert sich **nicht** als Berechtigter für eine Eigentumsübertragung, wenn er als Verfügungsberechtigter (z.B. Testamentsvollstrecker) eingetragen ist (nur **negative Publizität**, 66).

- Der Verfügende legitimiert sich als Berechtigter für eine **lastenfreie Übertragung**, wenn eine Belastung nicht eingetragen ist (§ 892 I 1).

Die Legitimation des **Verfügenden** kann darüber hinaus auch dann gegeben sein, wenn er zwar nicht im Grundbuch eingetragen ist, aber **einem im Grundbuch Eingetragenen gleichzustellen** ist:

- Veräußerer ist Erbe des Eingetragenen, dieser war aber **nicht Eigentümer, §§ 892, 1922**.
- Veräußerer ist **nicht Erbe** des tatsächlichen Eigentümers, aber durch Erbschein als Erbe ausgewiesen, **§ 2366**.
- **Kombination:** Veräußerer ist nicht Erbe des Eingetragenen und der Eingetragene war nicht Eigentümer, aber Erblasser ist eingetragen und Veräußerer ist durch Erbschein als Erbe ausgewiesen, **§§ 2366, 892, 1922**.
- Veräußerer ist nicht eingetragen, aber der **eingetragene Nichteigentümer ermächtigt** ihn zur Veräußerung, **§§ 892, 185 I**.
- [**Sonderfall** bei Übertragung von **Briefhypothek** und **Briefgrundschuld:** Der Übertragende ist nicht als Inhaber eingetragen, hat aber Besitz am Brief und das Grundpfandrecht vom Eingetragenen in öffentlich beglaubigter Form abgetreten bekommen, **§ 1155**, 81.]

(Lastenfreier) Erwerb von Grundstücken vom Nichtberechtigten, § 892 (3)

Keine positive Kenntnis der Unrichtigkeit des Grundbuchs

- **Maßstab:** Der Erwerb vom Nichtberechtigten ist **nur bei positiver Kenntnis der Unrichtigkeit** des Grundbuchs ausgeschlossen.

  ⚠ Beim gutgläubigen Erwerb **beweglicher Sachen** vom Nichtberechtigten gem. §§ 932 ff. schadet auch grob fahrlässige Unkenntnis, § 932 II. In § 892 taucht daher der Begriff „guter Glaube" nicht auf. Es ist zwar üblich, aber ungenau, auch im Rahmen des § 892 vom „gutgläubigen Erwerb" zu sprechen.
- **Beweislast**: Es wird widerlegbar (§ 292 ZPO) vermutet, dass der Erwerber **keine Kenntnis** hatte.
- **Bezugspunkt: Unrichtigkeit** des Grundbuchs hinsichtlich des dinglichen Rechts, über das verfügt wird. Ergibt sich diese aus der Nichtigkeit einer Verfügung, so muss grds. die **Nichtigkeit** bekannt sein.

  ⚠ Beachte aber bei Nichtigkeit nach § 142 I den **§ 142 II:** Wer die **Anfechtbarkeit eines angefochtenen Rechtsgeschäftes** kannte, wird behandelt, als ob er die Nichtigkeit aufgrund späterer Anfechtung kannte.
- **Zeitpunkt** der fehlenden Kenntnis
  - Grundsätzlich ist bei Verfügungen die fehlende Kenntnis im **Zeitpunkt des Vollrechtserwerbs** (i.d.R. Eintragung des Rechtswechsels im Grundbuch) erforderlich.
  - Gem. § 892 II Var. 1 kommt es aber auf den **Zeitpunkt der Stellung des Eintragungsantrags** beim Grundbuchamt an (der Zeitpunkt der Eintragung wäre wegen der u.U. langen Bearbeitungsdauer willkürlich).
  - Liegt allerdings **bei Antragstellung noch keine wirksame Einigung** vor, so ist gem. § 892 II Var. 2 der Zeitpunkt des Zustandekommens der Einigung maßgeblich. Nach h.M. gilt das entsprechend, wenn **sonstige Erfordernisse** (z.B. behördliche Genehmigung gem. § 2 I 1 GrdstVG) fehlen.
  - Wird das Grundbuch erst **nach Antragstellung unrichtig**, muss die Kenntnis noch in diesem Zeitpunkt fehlen (arg.: Zweck des § 892 II; Unrichtigkeit muss erst entstehen, um dem Erwerber zu helfen).
  - Bestand für den Erwerber eine **Auflassungsvormerkung**, kommt es auf den Kenntnisstand bei **Erwerb der Vormerkung** an (Einzelheiten 74). Der Vormerkungserwerb konserviert die Kenntnislosigkeit.

(Lastenfreier) Erwerb von Grundstücken vom Nichtberechtigten, § 892 (4)

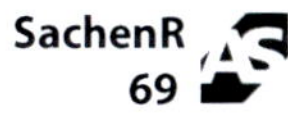

Keine Eintragung eines Widerspruchs

Der Erwerb vom Nichtberechtigten ist ausgeschlossen, wenn **vor Vollendung des Rechtserwerbs** ein Widerspruch gegen die Richtigkeit des Grundbuchs eingetragen wurde, der sich gegen die Legitimation desjenigen richtet, der als Berechtigter eingetragen ist.

- Irrelevant sind die fehlende Kenntnis des Erwerbers hinsichtlich der Berechtigung und hinsichtlich des Widerspruchs: Das reine Bestehen eines Widerspruchs vor Eintragung **zerstört die Rechtsscheinsgrundlage**.
- Das Grundbuch muss also ausnahmslos **bis zur Eintragung widerspruchsfrei** sein.

⚠ **§ 892 II gilt nicht** für den Widerspruch.

Die **Eintragung eines Widerspruchs** erfolgt gem. § 899 I in den Fällen des § 894 (Grundbuch ist unrichtig und Voraussetzungen für eine Grundbuchberichtigung liegen vor, 🗗 70) aufgrund der Bewilligung desjenigen, dessen Recht durch die Berichtigung betroffen wird oder aufgrund einstweiliger Verfügung. Bei letzterer ist gem. § 899 II 1 in Abweichung zu § 935 ZPO nicht erforderlich, dass der Anordnungsgrund (Eilbedürftigkeit wegen Rechtsgefährdung) i.S.d. § 294 ZPO glaubhaft gemacht wird.

Zustimmung zur Grundbuchberichtigung, § 894

Im Regelfall gibt das Grundbuch die wahre materielle Rechtslage wieder. Eintragung und wirkliche dingliche Rechtslage können aber auch auseinanderfallen. ⚠ **Das Grundbuch kann „irren"!**

A ist Erbe des E, E stirbt. A wird sofort gemäß § 1922 Eigentümer, im Grundbuch ist aber weiterhin E eingetragen.

- Ist das Grundbuch **richtig** und soll eine andere Person ein Recht an einem Grundstück erhalten, so muss es ihr **bestellt (Ersterwerb)** bzw. **übertragen (Zweiterwerb)** werden. Das erfordert gem. § 873 I eine **konstitutive Eintragung**.

  A ist Inhaber einer Buchgrundschuld und als solcher auch eingetragen. A kann an B die Grundschuld nur übertragen, wenn B als Grundschuldinhaber eingetragen wird, §§ 1192 I, 1154 III, 873 I.

- Ist das Grundbuch **falsch**, so hat der wahre Berechtigte ein Interesse daran, dass das **Grundbuch berichtigt** wird. Ihm drohen sonst Nachteile aus den §§ 891, 892, 893, 900. Die berichtigende, **deklaratorische Eintragung** nimmt das **Grundbuchamt** vor (§ 1 I GBO), aber nur wenn **der Eingetragene ihr zustimmt** (§ 19 GBO). Tut er dies nicht freiwillig, benötigt der wahre Berechtigte einen hierauf gerichteten Anspruch. Diesen kann er einklagen und zur Not entsprechend § 894 ZPO vollstrecken.

  Im Grundbuch ist ein Nießbrauch des X am Grundstück des E eingetragen, in Wahrheit hat aber Y einen Nießbrauch.

  Die Bezeichnung „Berichtigungsanspruch" ist daher ungenau. **Anspruchsziel ist die Zustimmung zur Berichtigung.**

  Anspruchsgrundlage für die Zustimmung zur Berichtigung kann sein:

  - Im Einzelfall eine **vertragliche Abrede** oder ein **vertraglicher Schadensersatz- oder Rückabwicklungsanspruch**
  - **§ 894,** der nur dem wahren Rechtsinhaber den Anspruch verleiht
  - **§ 812:** Die Eintragung (sog. **Buchposition**) ist erlangtes Etwas. Der Anspruch steht jedem zu, der zuvor eingetragen war, nicht nur dem wahren Rechtsinhaber. Rechtsgrund ist die Inhaberschaft des Rechts.
  - Im Einzelfall **§ 823 I und/oder II**

  ⚠ **Nicht** hingegen **§ 1004**, denn § 894 ist lex specialis

Vormerkung (1) – Überblick, §§ 883 ff.

Rechtsnatur

- **Sicherungsrecht** eigener Art zur Absicherung eines **Anspruchs auf Verfügung über ein Recht an einem Grundstück**.
- **Hauptanwendungsfall:** Auflassungsvormerkung zur Sicherung des Anspruchs des Käufers gem. § 433 I 1 Var. 2 aus einem Kaufvertrag auf Übereignung des Grundstücks
- **Dingliches Vorkaufsrecht** (§§ 1094 ff.) hat gem. § 1098 II dieselben Wirkungen

Verhältnis zur gesicherten Forderung

Die Vormerkung ist streng **akzessorisch** (in ihrem Entstehen, Bestand und Untergang von dem durch sie gesicherten Anspruch abhängig)

Wirkung der Vormerkung, 71 f.	Bestellung der Vormerkung durch den Berechtigten, 73	Bestellung der Vormerkung durch den Nichtberechtigten, 74	Übertragung der Vormerkung durch den Berechtigten, 75	Übertragung der Vormerkung durch den Nichtberechtigten, 75

Die Vormerkung sichert den Anspruch, indem …

- **beeinträchtigende Verfügungen relativ unwirksam** sind, § 883 II.

  Der bislang Verfügungsberechtigte kann zwar weiterhin wirksam verfügen (die Vormerkung bewirkt **keine Grundbuchsperre** und sie ist **keine Verfügungsbeschränkung**). Allerdings sind spätere Verfügungen relativ unwirksam, soweit sie den gesicherten Anspruch beeinträchtigen. Der Verfügende kann sich daher gegenüber dem Vormerkungsinhaber nicht gem. § 275 auf Unmöglichkeit berufen.

  Übereignet der Verkäufer eines Grundstücks dieses an einen Dritten, kann er sich im Verhältnis zum Käufer i.d.R. auf Unmöglichkeit berufen, § 275. Dem Käufer bleiben nur Sekundäransprüche aus §§ 280 I u. III, 283 bzw. § 285. Besteht zugunsten des Käufers aber eine Vormerkung, ist die beeinträchtigende Verfügung an den Dritten dem Käufer gegen unwirksam, sodass der Käufer nach wie vor Auflassung vom Verkäufer verlangen kann.

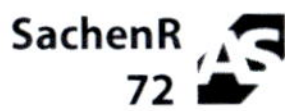

Vormerkung (2) – Wirkungen

Die Vormerkung sichert den Anspruch, indem … (Fortsetzung)

- **§ 883 II** weitergehend **analog** angewendet wird.
  - § 883 II wird analog auf die Eintragung eines **Widerspruchs** gem. § 899 angewandt (d.h. ein nach Erwerb der Vormerkung eingetragener Widerspruch hindert nicht den Erwerb des durch die Vormerkung gesicherten Rechtes).
  - ⚡ Ob § 883 II analog auf den Abschluss von **Miet- und Pachtverträgen** anwendbar sein soll, ist umstritten:
    - Nach e.A. ja, weil der „nur“ obligatorisch berechtigte Mieter nicht stärker geschützt sein dürfe als der dinglich Berechtigte, dessen dingliches Wohnrecht gem. § 1093 von § 883 II unstr. erfasst wird.
    - Die h.M. lehnt die Analogie ab. Der Mieter bzw. Pächter schaue vor Vertragsschluss nicht ins Grundbuch.
- der **Rang gewahrt wird, § 883 III.**

  Grundsätzlich bestimmt sich der Rang nach der Reihenfolge der Eintragungen, § 879 I 1. Die Vormerkung wirkt für das Recht, dessen Eintragung sie sichert, wie ein **„Platzhalter“**, d.h. das Recht wird auf dem Rang der Vormerkung eingetragen, auch wenn nach der Vormerkung weitere Rechte eingetragen wurden.
- ein **Zustimmungs- bzw. Löschungsanspruch** gegen den „beeinträchtigenden“ Dritten besteht, § 888.

  Gem. § 19 GBO ist für eine Eintragung immer eine Bewilligung desjenigen erforderlich, dessen Recht von ihr betroffen wird. § 888 räumt einen Anspruch auf die entsprechende Bewilligung ein.

  🔎 Ist im obigen Beispiel (🗗 71) der Dritte bereits als Eigentümer eingetragen, so benötigt das Grundbuchamt von dem Dritten eine Bewilligung, um den Vormerkungsinhaber als Eigentümer einzutragen. Ohne Bewilligung wird das Grundbuchamt keine Eintragung vornehmen. Der Käufer kann vom Dritten gemäß § 888 die Bewilligung verlangen.
- sich eine **fehlende Kenntnis** i.S.d. § 892 I bei Erwerb der Vormerkung auf den Zeitpunkt des späteren Rechtserwerbs erstreckt.

  🔎 Beim Erwerb eines Grundstücks vom Nichtberechtigten kommt es grds. auf den Zeitpunkt des Vollrechtserwerbs an. Wer aber zuvor ohne Kenntnis der fehlenden Berechtigung eine Vormerkung erworben hat, dem schadet eine spätere Kenntniserlangung nicht. Er kann das durch die Vormerkung gesicherte Recht trotzdem noch erwerben.

Vormerkung (3) – Ersterwerb (Entstehung)

A. Anspruch auf Verfügung über ein Recht an einem Grundstück

- Anspruch aus Gesetz, Vertrag, einseitigem Rechtsgeschäft
  Auflassung eines Grundstücks, Bestellung einer Hypothek; Aufhebung einer Grundschuld; Rangänderung eines Nießbrauchs
- **bedingte Ansprüche**, § 883 I 2
  Den Bedingungserfolg kann der Schuldner ohnehin nicht verhindern, vgl. §§ 161, 162. Ankaufsrecht (aufschiebend bedingter Auflassungsanspruch); Vorkaufsrecht (durch Ausübung des Vorkaufsrechts bedingter Auflassungsanspruch)
- **künftige Ansprüche**, § 883 I 2
  Auch für **künftige Ansprüche** ist erforderlich, dass bereits eine **Bindung des Schuldners** besteht, deren **Rechtsboden bereits vorbereitet** ist, die also **nicht mehr einseitig beseitigt** werden kann.
  Bindendes Angebot (§ 145), das nur noch angenommen werden muss; genehmigungsbedürftiger Vertrag, § 177 I
- **nicht vormerkungsfähig** sind **erbrechtliche** (auch nicht aus Erbvertrag) und **dingliche Ansprüche**, die auf eine Verfügung über ein Recht an einem Grundstück gerichtet sind (§ 1169).

Anders als bei den Grundpfandrechten gilt ein (doppeltes) **Identitätsgebot:**
- **Schuldner** des gesicherten Anspruchs und **Inhaber des betroffenen Rechts** müssen identisch sein.
- **Gläubiger** des gesicherten Anspruchs und **Vormerkungsberechtigter** müssen ebenfalls identisch sein.

B. Bewilligung oder einstweilige Verfügung, § 885

- Einseitige Bewilligung d. Grundstückseigentümers/Rechtsinhabers (keine Einigung i.S.v. § 873 erforderl.)
- Einstweilige Verfügung i.S.v. § 935 ZPO ohne Glaubhaftmachung (§ 294 ZPO) oder Anspruchsgefährdung (§ 885 I 2)

C. Eintragung, § 885

D. Berechtigung des Bewilligenden zur Verfügung über das Recht (s. A.)

- Verfügungsbefugter Inhaber des Rechts, auf welches die Verfügung gerichtet sein wird
- Kraft Gesetzes oder durch Einwilligung gem. § 185 I (h.M.) Ermächtigter

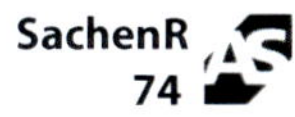

Vormerkung (4) – Ersterwerb (Entstehung) vom Nichtberechtigten

Zu den Voraussetzungen A.–D. vgl. 73

A. Anspruch auf dingliche Rechtsänderung

B. Bewilligung oder einstweilige Verfügung, § 885

C. Eintragung, § 885

D. Bei fehlender Berechtigung des Bewilligenden:

- **Wirksamwerden der Bestellung gem. § 185 II 1** (h.M., obwohl keine Verfügung)
  - Genehmigung, § 184
  - Erwerb des Grundstücks durch den Verfügenden
  - Erbenstellung des Verfügenden und unbeschränkte Haftung für Nachlassverbindlichkeiten
- **Unbeachtlichkeit nachträglicher Verfügungsbeschränkung gem. § 878 analog**

  Zwar ist die Vormerkung **kein dingliches Recht**, aber sie verleiht einem Anspruch in gewissem Umfang dingliche Wirkung, sodass § 878 analog anwendbar ist.
- **Erwerb vom Nichtberechtigten, §§ 893 Var. 2, 892**

  Weil die Vormerkung **kein dingliches Recht und ihre Bewilligung keine Verfügung** ist, sind § 892 und § 893 Var. 2 nicht unmittelbar anwendbar. Die Bewilligung einer Vormerkung wirkt aber quasi-dinglich bzw. ähnlich einer Verfügung 71 f., sodass §§ 892, 893 analog anwendbar sind.

  1. Rechtsgeschäft im Sinne eines Verkehrsgeschäftes
  2. Unrichtigkeit des Grundbuches
  3. Legitimation des Verfügenden aus Grundbuch bzgl. des Rechts, auf welches sich die Verfügung beziehen wird
  4. Keine positive Kenntnis der Unrichtigkeit des Grundbuchs
  5. Keine Eintragung eines Widerspruchs gegen die Richtigkeit des Grundbuchs

  (Einzelheiten 66 ff.)

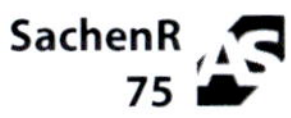

Vormerkung (5) – Zweiterwerb (Übertragung)

Als streng akzessorisches Sicherungsrecht kann die Vormerkung nur **durch Abtretung des gesicherten Anspruchs** gem. § 398 übertragen werden (sie geht dann **analog § 401** mit über).

Mängel der Forderung

- Besteht der vorgemerkte Anspruch nicht, so besteht wegen der Akzessorietät auch keine Vormerkung.
- Ein Forderungserwerb vom Nichtberechtigten ist ausgeschlossen (Ausnahme: § 405), sodass auch die Vormerkung dann nicht (zweit-)erworben werden kann.

⚠ Es gibt für die Vormerkung **keine dem § 1138 Var. 1** (🗗 82 f.) **entsprechende Norm**, die die Forderung zum Zweck des Vormerkungserwerbs fingiert.

Mängel der Vormerkung

ϟ Besteht zwar der vorgemerkte Anspruch, ist aber die Vormerkung (z.B. mangels wirksamer Bewilligung) nicht entstanden, ist **umstritten**, ob **mit der wirksamen Abtretung des Anspruchs** die Vormerkung vom Eingetragenen erworben werden kann.

Aus § 401 selbst folgt das nicht, laut ihm gehen nur tatsächlich bestehende Sicherungsrechte über.

- E.A. lehnt die entsprechende Anwendung des § 892 mangels Verkehrsgeschäfts ab. Es bestehe kein Bedürfnis für die Verkehrsfähigkeit von Eintragungsansprüchen.
- Nach h.M. ist ein Erwerb der Vormerkung entspr. § 892 möglich, da der gesetzliche Übergang der Vormerkung gem. § 401 **auf einer verkehrsgeschäftlichen Übertragung der Forderung beruht**.

Hypothek (1) – Überblick, §§ 1113 ff.

Rechtsnatur

- Die Hypothek ist ein **beschränkt dingliches Recht** (➲ die nach dem Gesetz vom Eigentum abspaltbaren Nutzungs- und Verwertungsrechte, vgl. 🗗 16).
- Die Hypothek ist ein **Grundpfandrecht** (➲ dingliches Verwertungsrecht an einem Grundstück).

Rechtsfolge

Gläubiger hat gem. § 1147 **Anspruch auf Duldung der Zwangsvollstreckung** in das Grundstück.

⚠ Aus der Hypothek besteht also nach h.M. **kein Zahlungsanspruch**. Der Gläubiger kann nur verlangen, dass das Grundstück störungsfrei zwangsversteigert wird. Ist die Versteigerung dann erfolgt, kann er Auskehrung des Erlöses an sich verlangen. Gleichwohl hat der Eigentümer das **Recht**, die Vollstreckung durch Zahlung abzuwenden, § 1142 I.

Verhältnis zur gesicherten Forderung

Die Hypothek ist **akzessorisch** (➲ in ihrem Entstehen, Bestand und Untergang kraft Gesetzes von der zu sichernden Forderung abhängig).

Die Hypothek kann:

durch den Berechtigten bestellt werden 🗗 77	durch einen Nichtberechtigten bestellt werden 🗗 78	durch den Berechtigten übertragen werden 🗗 79	durch einen Nichtberechtigten übertragen werden 🗗 80 ff.

Im Falle der Inanspruchnahme des Eigentümers stellt sich die Frage:

welche Einreden und Einwendungen ihm zustehen 🗗 84 f	ob die Einreden und Einwendungen auch nach Übertragung der Hypothek fortbestehen, 🗗 86

Hypothek (2) – Ersterwerb (Entstehung)

A. Einigung (§ 873) mit dem Inhalt des § 1113

I. Einigung unmittelbar zwischen Hypothekenbesteller und Hypothekenerwerber oder unter Einschaltung von Vertretern und Organen

II. Inhalt, § 1113

1. Gläubiger 2. Belastetes Grundstück 3. Zu sichernde Forderung (auch künftige oder bedingte Forderung)
4. Ggf. Ausschließung der Erteilung eines Hypothekenbriefes, § 1116 II.

III. Wirksamkeit, §§ 104 ff.

IV. Kein Widerruf der Einigung bis zum Rechtserwerb (Bindungswirkung nur gem. § 873 II)

B. Bestehen der zu sichernden Forderung, vgl. §§ 1113 I, 1163 I 1, 76

⚠ § 1163 I 1 ist Ausdruck der **Akzessorietät** der Hypothek. Hier liegt der wesentliche Unterschied zur **Grundschuld**, die vom Bestehen der zu sichernden Forderung unabhängig ist **(Abstraktheit)**, vgl. 90 f.

C. Eintragung der Hypothek in das Grundbuch, § 1115

Soll Buchhypothek entstehen, so muss auch Ausschluss der Erteilung des Hypothekenbriefes eingetragen werden (§ 1116 II).

D. Briefübergabe, § 1117 (nur bei Briefhypothek)

- Auch durch Übergabesurrogat, § 1117 I 2 i.V.m. §§ 929 S. 2–931, 22 ff.
- Weiteres Übergabesurrogat: Vereinbarung der Aushändigung des Briefes durch Grundbuchamt, § 1117 II.
- Bis zur Briefübergabe ist die Hypothek eine Eigentümergrundschuld, §§ 1163 II, 1177.

E. Berechtigung des Bestellers, über das Eigentum per Belastung zu verfügen (vgl. 25)

- Verfügungsbefugter Eigentümer
- Kraft Gesetzes oder durch Einwilligung gem. § 185 I Ermächtigter

Hypothek (3) – Ersterwerb (Entstehung) vom Nichtberechtigten

Zu den Voraussetzungen A. bis E. vgl. 77

A. Einigung (§ 873) mit dem Inhalt des § 1113

B. Bestehen der zu sichernden Forderung, §§ 1113 I, 1163 I 1, 76

> ⚠ **Anders als beim Zweiterwerb (Übertragung)**, bei welchem das Bestehen der Forderung gem. § 1138 Var. 1 zum Zwecke des Hypothekenerwerbs fingiert werden kann (vgl. 82 f.), ist ein Hypothekenersterwerb bei Unwirksamkeit oder Nichtentstehen der Forderung nicht möglich.

C. Eintragung der Hypothek in das Grundbuch, § 1115

D. Briefübergabe, § 1117 (nur bei Briefhypothek)

E. Keine Berechtigung des Bestellers, über das **Eigentum** per Belastung zu verfügen

F. Erwerb vom Nichtberechtigten

- **Wirksamwerden der Bestellung gem. § 185 II 1**

  Genehmigung, § 184; Erwerb des Grundstücks durch den Bestellenden; Erbenstellung des Bestellenden und unbeschränkte Haftung für Nachlassverbindlichkeiten

- **Unbeachtlichkeit nachträglicher Verfügungsbeschränkung gem. § 878**

  Grds. ist die **Berechtigung des Bestellers im Zeitpunkt des Rechtserwerbs** erforderlich. Gem. § 878 hindert eine **nach Abgabe der Einigungserklärungen** eintretende Verfügungsbeschränkung (65) den Rechtserwerb nicht, wenn die **Einigungserklärungen bindend** geworden sind (§ 878) und der **Antrag auf Eintragung** gestellt wurde.

- **Erwerb vom Nichtberechtigten, § 892**

  > **1.** Verkehrsgeschäft als Unterfall d. Rechtsgeschäfts; **2.** Unrichtigkeit d. Grundbuches; **3.** Legitimation d. Bestellenden als Eigentümer (⚠ anders beim Zweiterwerb, 80 f.) aus dem Grundbuch; **4.** Keine positive Kenntnis d. Erwerbers von Unrichtigkeit d. Grundbuchs; **5.** Keine Eintragung eines Widerspruchs gegen die Richtigkeit d. Grundbuchs

  (Einzelheiten 66 ff.)

Hypothek (4) – Zweiterwerb (Übertragung)

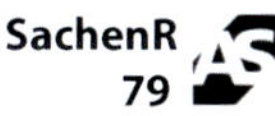

A. Einigung über die <u>Abtretung der gesicherten Forderung</u>, § 398

⚠ Wegen der **Akzessorietät** (76) ist eine gesonderte Übertragung der Hypothek weder erforderlich noch möglich (vgl. § 1153 II). Vielmehr geht die Hypothek automatisch durch Abtretung der gesicherten Forderung auf den Zessionar über (§ 1153 I; § 401).

I. Einigung unmittelbar zwischen Abtretendem (Zedent) und Erwerber (Zessionar) oder unter Einschaltung von Vertretern und Organen

II. Form, § 1154

- **Briefhypothek:** Abtretungserklärung in **schriftlicher** Form und **Übergabe** (§ 1117 [77] entsprechend) des Hypothekenbriefes (§ 1154 I; die schriftliche Erklärung kann durch Eintragung ins Grundbuch ersetzt werden, § 1154 II)
- **Buchhypothek:** Einigung und Eintragung im Grundbuch, §§ 1154 III, 873

III. Wirksamkeit, §§ 104 ff.

B. Berechtigung des Verfügenden:

I. **Inhaber der Forderung** (oder von diesem gem. § 185 I oder kraft Gesetz ermächtigt), damit die Forderung übergehen kann.

II. **Inhaber der Hypothek** (oder von diesem gem. § 185 I oder kraft Gesetz ermächtigt)

- Verfügender hat Hypothek wirksam (vom Berechtigten oder vom Nichtberechtigten) bestellt bekommen (Ersterwerb), 77 f.
- Verfügender hat Hypothek wirksam (vom Berechtigten oder vom Nichtberechtigten) übertragen bekommen (Zweiterwerb).

⚠ **Eigentumslage irrelevant**, es wird nicht über das Eigentum verfügt.

Hypothek (5) – Zweiterwerb (Übertragung) vom Nichtberechtigten

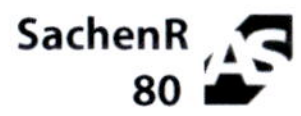

Zu den Voraussetzungen A. und B. vgl. 79

A. Einigung über die <u>Abtretung der gesicherten Forderung</u>, §§ 398, 1153 I

B. Keine Berechtigung des Verfügenden (Eigentumslage irrelevant)

I. Inhaber der Forderung

II. Inhaber der Hypothek

C. Erwerb vom Nichtberechtigten:

- § 185 II 1;
- §§ 1154 III, 878;
- § 892 und/oder §§ 1138 Var. 2, 892:
  - **Abtretender ist nicht Inhaber der Hypothek (Mangel im dinglichen Recht)** (Bestellung der Hypothek angefochten): Erwerb der Hypothek vom Nichtberechtigten gem. § 892, 81
  - **Abtretender ist nicht Inhaber der gesicherten Forderung** und (nur) deswegen auch nicht Inhaber der Hypothek **(Mangel der Forderung)** (Darlehen nie valutiert [ausgezahlt], daher keine gesicherte Forderung aus § 488 I 2):

    Fiktion des Forderungserwerbs zwecks Erwerbs der Hypothek, §§ 1138 Var. 1, 892, 82
  - **Abtretender ist nicht Inhaber der gesicherten Forderung und aus einem weiteren Grund nicht Inhaber der Hypothek (Doppelmangel)** (Darlehen nie valutiert <u>und</u> Bestellung der Hypothek angefochten), 81 u. 82
    - Überwindung des **dinglichen Mangels:** Erwerb der Hypothek vom Nichtberechtigten gem. § 892

      <u>und</u>
    - Überwindung des **Forderungsmangels:** Fiktion des Forderungserwerbs zwecks Erwerbs der Hypothek, §§ 1138 Var. 1, 892

Hypothek (6) – Zweiterwerb (Übertragung) vom Nichtberechtigten

Dinglicher Mangel: §§ 892, 1140, 1155

1. Rechtsgeschäft im Sinne eines Verkehrsgeschäftes
Der Hypothekenerwerb tritt zwar gem. § 1153 I immer kraft Gesetzes ein. § 892 ist aber trotzdem anwendbar, wenn dem Hypothekenerwerb ein Rechtsgeschäft zugrunde lag (rechtsgeschäftliche Abtretung der Forderung).

Buchhypothek

2. Unrichtigkeit des Grundbuchs

- Das Grundbuch ist unrichtig, wenn die Hypothek überhaupt nicht, nicht mit dem Inhalt oder nicht mit dem Rang besteht, wenn also der **Grundbuchinhalt von der materiellen Rechtslage abweicht**.
- Die Hypothek besteht nicht, weil der Eigentümer bei Bestellung unerkannt geisteskrank war oder sie ist für jemand anderes bestellt worden.

3. Legitimation des Verfügenden aus dem Grundbuch als Inhaber der Hypothek
⚠ anders bei Ersterwerb, 77

Briefhypothek

2. Unrichtigkeit entweder – im Fall des § 1154 II – des Grundbuchs (§ 892, beachte § 1140), **oder – im Fall des § 1154 I – der Legitimation aus der Abtretungskette** (§ 892, beachte § 1155)

- § 1155 „verlängert" die Legitimationswirkung des Grundbuchs. Erfolgt bei der Briefhypothek die Abtretung durch öffentlich beglaubigte Abtretungserklärung (§ 1154 I), so kommt ein Erwerb von dem letzten aus einer zusammenhängenden Abtretungskette legitimierten Gläubiger in Betracht, wenn er den Brief besitzt.
- Für die Abtretung der Forderung genügt Schriftform (§ 1154 I), während für den Erwerb der Hypothek vom Nichtberechtigten nach § 1155 eine öffentliche Beglaubigung erforderlich ist.

3. Legitimation des Verfügenden aus Grundbuch bzw. Legitimationskette – str., ob § 1155 auch bei einer gefälschten Abtretungserklärung eingreift.

4. Keine Kenntnis des Erwerbers davon, dass der Verfügende nicht Inhaber der Hypothek ist.

5. Kein Widerspruch für den Berechtigten eingetragen

Hypothek (7) – Zweiterwerb (Übertragung) vom Nichtberechtigten

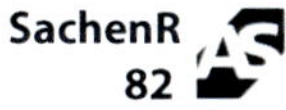

Forderungsmangel: Fiktion des Forderungserwerbs, §§ 1138 Var. 1, 892

1. **Grundsatz:** Ein Forderungserwerb vom Nichtberechtigten ist nicht möglich (Ausnahme: § 405).
2. **Grundsatz:** Ein im Grundbuch eingetragenes Recht kann hingegen vom Nichtberechtigten erworben werden.
3. **Grundsatz:** Die Hypothek ist ein akzessorisches Sicherungsrecht, d.h., ihrem Inhaber muss auch die gesicherte Forderung zustehen.

Alle drei Grundsätze lassen sich bei der Übertragung einer Hypothek nicht miteinander vereinbaren. Der Gesetzgeber hat sich dafür entschieden, die Grundsätze 1. und 2. einzuhalten und die **Akzessorietät der Hypothek zu durchbrechen (Grundsatz 3.)**. Gem. § 1138 Var. 1 wird das Bestehen der Forderung und ihr Übergang (nur) für eine juristische Sekunde fingiert, damit die Hypothek entstehen (§§ 1113 I, 1163 I 1) und übergehen (§ 401; § 1153 I) kann. Der Erwerb erlangt also dauerhaft keine Forderung, aber eine **„forderungsentkleidete Hypothek“**.

Die Voraussetzungen des § 892 müssen gem. § 1138 Var. 1 „in Ansehung der Forderung“ erfüllt sein:

1. **Rechtsgeschäft im Sinne eines Verkehrsgeschäftes**
   Angestrebte Abtretung der gesicherten Forderung gem. § 398 ist ein Rechtsgeschäft.
2. **Unrichtigkeit des Grundbuchs bzw. der Abtretungskette (Briefhypothek)**
   Für angebliche Forderung ist eine Hypothek eingetragen (die wegen § 1163 I nicht besteht).
3. **Legitimation des Verfügenden aus Grundbuch bzw. Abtretungskette**
   Verfügender erscheint als Inhaber der Forderung
4. **Keine Kenntnis des Erwerbers**
   Erwerber darf nicht positiv bekannt sein, dass Verfügendem die gesicherte Forderung nicht zusteht.
5. **Kein Widerspruch für den Berechtigten eingetragen**

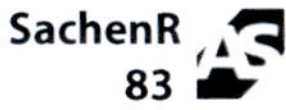

Hypothek (8) – Zweiterwerb (Übertragung) vom Nichtberechtigten

Sonderproblem: Dauerhafte Trennung von Forderung und Hypothek wegen § 1138 Var. 1

- Gem. §§ 1138 Var. 1, 892 wird die Forderung zum Zwecke des Hypothekenerwerbs fingiert, sodass der Erwerb einer Hypothek ohne Forderung möglich ist (82). Dies ist unstreitig, wenn die **Forderung überhaupt nicht besteht** (weil sie erloschen, gar nicht erst entstanden oder unwirksam ist).
- ⚡ Umstritten ist, was passiert, wenn es zu einer **Trennung der Hypothek von der (tatsächlich bestehenden) Forderung** kommt.

  E bestellt zugunsten des H eine Hypothek zur Sicherung einer Darlehensforderung. H tritt an X, X an Y und Y an Z ab. Als Z den E gem. § 1147 in Anspruch nimmt, macht dieser geltend, X habe seine Abtretung an Y erfolgreich angefochten. **Wegen der mehrfachen Abtretung** käme es zu einer Trennung von Hypothek und Forderung: Die Hypothek hat Z von Y erworben (§§ 1138 Var. 1 , 892), nicht aber die Forderung, die immer noch dem X zusteht.

  – Nach **(früher) h.M.** muss eine Personenverschiedenheit bei Hypothek und Forderung vermieden werden, da die Gefahr doppelter Inanspruchnahme des persönlichen bzw. dinglichen Schuldners bestehe. Der Erwerber einer Hypothek nach §§ 1138 Var. 1, 892 erwerbe in diesem Fall ausnahmsweise auch die Forderung.

  Z ist als Inhaber der Hypothek auch Inhaber der Forderung.

  – Nach **vordringender Auffassung** ist dies nicht erforderlich, da bei Tilgung der persönlichen Forderung die Hypothek gem. § 1163 I 2 auf den Eigentümer übergehe und bei Befriedigung des Hypothekengläubigers aus dem Grundstück die Hypothek erlösche sowie die Forderung auf den Eigentümer übergehe (§§ 1181, 1143 I 1). Es drohe also im Ergebnis keine doppelte Inanspruchnahme.

  Z ist Inhaber der Hypothek, X ist Inhaber der Forderung.

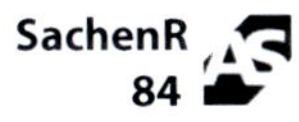

Hypothek (9) – Die zu sichernde Forderung/ Einreden und Einwendungen

Einwendungen und Einreden des Eigentümers vor der Abtretung

A. Einwendungen und Einreden gegen die Hypothek

Dem Eigentümer stehen zu seiner Verteidigung gegen eine Inanspruchnahme aus der Hypothek Einwendungen und Einreden gegenüber der **Hypothek** zu (Hypothek nicht wirksam bestellt, Hypothek gestundet etc.). Der Gesetzgeber hat dies als so selbstverständlich erachtet, dass er es nicht gesondert angeordnet hat.

B. Einwendungen gegen die Forderung

Forderung ist nach erfolgter Anfechtung oder durch Erfüllung erloschen oder wegen mangelnder Geschäftsfähigkeit gar nicht erst wirksam entstanden.

Einwendungen gegen die Forderung sind immer zugleich Einwendungen gegen die Hypothek (anders bei der Grundschuld, 95 f.), da – wenn die Forderung nicht besteht – die Hypothek gem. §§ 1163 I 1 u. 2, 1177 I 1 dem Eigentümer als Eigentümergrundschuld zusteht. Es stellen sich zudem folgende Probleme:

- Die Hypothek kann gem. § 1113 auch für eine **künftige oder bedingte Forderung** bestellt werden. Es entsteht allerdings zunächst eine Eigentümergrundschuld (§§ 1163 I 1, 1177), die sich erst mit Entstehen der Forderung in eine Hypothek des Gläubigers wandelt.
- Besteht die zu sichernde Forderung nicht, ist umstritten, ob ein **an ihre Stelle getretener Bereicherungsanspruch** durch die Hypothek gesichert ist (nach h.M. sei ein solcher Parteiwille regelmäßig aber nicht anzunehmen; zudem sei ein Forderungswechsel nur nach § 1180 zulässig).
- Für eine Forderung können **nicht mehrere selbstständige Hypotheken** (auch nicht an verschiedenen Grundstücken) bestellt werden. Die Forderung ist dann schon „verbraucht". Zulässig ist aber eine Ausfallhypothek (entstehen bedingt [§ 158 I] durch Ausfall der ersten Hypothek) und eine Gesamthypothek (§ 1132, 89).

Hypothek (10) – Die zu sichernde Forderung/ Einreden und Einwendungen

Einwendungen und Einreden des Eigentümers vor der Abtretung (Fortsetzung)

C. Einreden gegen die Forderung, § 1137 I 1 Var. 1

Der Eigentümer kann die dem persönlichen Schuldner gegen die Forderung zustehenden Einreden geltend machen, selbst wenn er nicht selbst der persönliche Schuldner ist.

Stundung der Forderung, Zurückbehaltungsrecht (§ 273), Einrede des nicht erfüllten Vertrages (§ 320)

Nicht: Verjährung, § 214 I. Gem. **§ 216 I** hindert die Verjährung der Forderung den Gläubiger nicht, Befriedigung aus dem belasteten Grundstück zu suchen.

D. Einreden eines Bürgen, §§ 1137 I 1 Var. 2, 770 (vgl. Schuldrecht BT 2)

- Der Eigentümer kann die einem Bürgen gem. § 770 zustehenden Einreden geltend machen; dies sind die Einreden der **Anfechtbarkeit** und **Aufrechenbarkeit**.

  Ist der Eigentümer selbst auch persönlicher Schuldner, kann er seine Gestaltungsrechte (Anfechtung, Aufrechnung) selbst ausüben und so die Forderung beseitigen. § 1137 I 1 Var. 2 ist daher zuvorderst **relevant, wenn Eigentümer und persönlicher Schuldner personenverschieden** sind: Der Eigentümer kann nicht selbst mit der Forderung aufrechnen oder ihre Grundlage anfechten, hat aber eine entsprechende Einrede.

- Die Vorschrift wird entsprechend auf andere Gestaltungsrechte angewandt, **Einrede der Gestaltbarkeit** (Rücktrittsrecht; Widerrufsrecht)

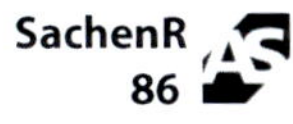

Hypothek (11) – Die zu sichernde Forderung/ Einreden und Einwendungen

Einwendungen und Einreden des Eigentümers gegen den Zessionar nach Abtretung der Forderung

- **Einwendungen gegen die Hypothek** können nach der Abtretung der Forderung entstehen.
  - Wenn die Einwendung die Hypothek **vor der Abtretung beseitigt** hat, so kann hingegen der neue Gläubiger gem. § 892 die Hypothek erwerben, 80 f.
- **Einwendungen gegen die Forderung** können nach Abtretung der Forderung entstehen. Diese sind **zugleich Einwendungen gegen die Hypothek**, da – wenn die Forderung nicht besteht – die Hypothek gem. §§ 1163 I 1 u. 2, 1177 I 1 dem Eigentümer (als Eigentümergrundschuld) zusteht.
  - Wenn die Einwendung die Forderung **vor der Abtretung beseitigt** hat, so kann der neue Gläubiger gem. §§ 1138 Var. 1, 892 die Hypothek aber auch in Ansehung der Forderung erwerben, 82.
  - ⚠ Gem. § 1156 S. 1 gelten jedoch die §§ 406–408 nicht in Ansehung der Hypothek, d.h. z.B. eine nach § 406 zulässige Aufrechnung gegenüber dem Zessionar **nach** Abtretung bringt die Forderung zum Erlöschen, hindert aber den Hypothekenerwerb nicht.
- **Einreden gegen die Forderung** kann der Eigentümer auch dem neuen Hypothekeninhaber gem. § 1137 I 1 Var. 1 u. 2 entgegen halten, einschließlich der Einrede der Gestaltbarkeit.
  - Allerdings kann der neue Gläubiger die Hypothek gem. §§ 1138 Var. 2, 892 einredefrei erwerben, wenn die Einrede gegen die Forderung nicht eingetragen war und er sie nicht kannte.

  Der Schuldner kann die Einreden zudem dem Zessionar gemäß § 404 entgegenhalten.
- **Einreden gegen die Hypothek** kann der Eigentümer auch ihrem neuen Inhaber gem. § 1157 S. 1 entgegen halten.
  - Gem. §§ 1157 S. 2, 892 ist auch insofern ein einredefreier Erwerb der Hypothek möglich.
  - (⚠ Auf die **Sicherungsgrundschuld** ist § 1157 S. 2 gem. § 1192 I a 1 Hs. 2 hingegen nicht anwendbar, soweit die Einrede Bezug zum Sicherungsvertrag hat, 96.)

Hypothek (12) – Rechtsänderungen bei Zahlung

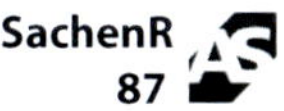

Eigentümer zahlt | Schuldner zahlt

Identität von Eigentümer und persönlichem Schuldner

- **Forderung** erlischt gem. § 362 I (zahlt einer von mehreren Gesamtschuldnern, geht gem. § 426 II 1 Forderung auf ihn über).
- **Hypothek** wird gem. §§ 1163 I 2, 1177 I zur Eigentümergrundschuld (zahlt einer von mehreren Gesamtschuldnern, geht gem. §§ 401, 412; § 1153 I Hypothek auf ihn über).

Personenverschiedenheit von Eigentümer und persönlichem Schuldner

Eigentümer zahlt

Eigentümer zahlt i.d.R. nur auf die **Hypothek**, um die Zwangsversteigerung zu verhindern (§ 1142 I).

- **Forderung** geht gem. § 1143 auf ihn über.
- **Hypothek** geht gem. §§ 412, 401; § 1153 auf ihn über (Eigentümerhypothek, vgl. § 1177 II).

Zahlt Eigentümer auf die **Forderung** (Ausnahme):

- **Forderung** erlischt gem. §§ 362 I, 267 I.
- **Hypothek** wird gem. §§ 1163 I 2, 1177 I zur Eigentümergrundschuld.

Schuldner zahlt

- **Forderung** erlischt gem. § 362 I (zahlt einer von mehreren Gesamtschuldnern, geht gem. § 426 II 1 die Forderung auf ihn über).
- **Hypothek** wird gem. §§ 1163 I 2, 1177 I zur Eigentümergrundschuld (zahlt einer von mehreren Gesamtschuldnern, geht gem. §§ 401, 412; § 1153 I die Hypothek auf ihn über). Ausnahmsweise erhält Schuldner gem. § 1164 I die Hypothek, soweit er Regressansprüche gegen den Eigentümer hat.

Ablösungsberechtigter Dritter zahlt (vgl. §§ 1150, 268)

🔍 nachrangiger Inhaber eines anderen Grundpfandrechts, §§ 52 I, 44 ZVG; Mieter (§ 57 a ZVG)

- **Forderung** geht kraft Gesetzes auf Dritten über, §§ 1150, 268 III.
- **Hypothek** geht gem. §§ 401, 412; § 1153 I ebenfalls auf Dritten über.

Bei jeder Zahlung gilt:

Einreden

- gegen die Forderung bleiben erhalten, § 404 und
- gegen die Hypothek bleiben erhalten, §§ 1137, 1157.

⚠ Auch kein einredefreier Erwerb der Hypothek gem. § 1138 Var. 2 bzw. § 1157 S. 2 i.V.m. § 892 möglich, da Erwerb weder der Hypothek noch der Forderung rechtsgeschäftlich.

Schuldnerschutz bei Zahlung

- §§ 1160, 1161: Eigentümer kann vor Zahlung Vorlage des Hypothekenbriefs verlangen.
- § 893 (ggf. i.V.m. § 1155): Schuldbefreiende Zahlung an Nichtberechtigten, wenn dieser durch Grundbuch oder Hypothekenbrief legitimiert ist (gilt nur für Zahlung auf die Hypothek).
- Bei Zahlung an Nichtberechtigten – der nicht legitimiert ist – bleibt Hypothek gem. § 1156 isoliert bestehen (§ 407 gilt nicht in Ansehung der Hypothek). Forderung erlischt hingegen nach Maßgabe des § 407.

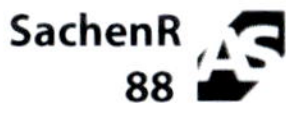

Hypothek (13) – Haftungsverband

Für die Hypothek haftet nicht das **Grundstück** im rechtlichen Sinne, sondern dessen **wirtschaftliche Einheit:**

Grundstück, einschl.
- **wesentlicher Bestandteile**, § 94
- **unwesentlicher Bestandteile**, soweit keine fremden Rechte an ihnen bestehen, ⧉ 5

Bewegliche Sachen, § 1120
- **getrennte Erzeugnisse** und sonstige Bestandteile, soweit sie mit Trennung in das Eigentum des Grundstückseigentümers gelangt sind
- **Zubehör** des Grundstückseigentümers und Anwartschaftsrechte am Zubehör

Forderungen, §§ 1123 ff.
- Miet- und Pachtzinsforderungen
- Versicherungsforderungen

es sei denn:

Enthaftung beweglicher Sachen

Vor Beschlagnahme	Nach Beschlagnahme (durch Beschlusszustellung, § 22 I 1 ZVG) und vor Eintragung des Versteigerungsvermerks	Nach Eintragung des Versteigerungsvermerks
▪ **Veräußerung** und **Entfernung**, § 1121 I ⚠ Grundstückseigentümer ist nicht in Verfügungsmacht beschränkt (der Erwerber erwirbt daher vom Berechtigten, ⧉ 17 ff.). ▪ **Entfernung** (ohne Veräußerung) reicht bei Erzeugnissen und Bestandteilen aus, wenn **dauerhaft** und im Rahmen **ordnungsgemäßer Wirtschaft** und bei Zubehör, wenn die **Zubehöreigenschaft aufgehoben** wird (§ 1122 I u. II).	💡 Die **Beschlagnahme** hat die Wirkung eines **relativen Veräußerungsverbotes**, § 23 I ZVG, §§ 135, 136, (der Erwerber kann aber gutgläubig erwerben, §§ 932 ff., ⧉ 36). Die Anforderungen an den **Zeitpunkt der Gutgläubigkeit** richten sich nach der **zeitlichen Reihenfolge:** 1. Entfernung – 2. Beschlagnahme – 3. Veräußerung: § 23 I ZVG greift. **Bei Veräußerung** ist Gutgläubigkeit i.S.v. §§ 135, 136 II, 932 II i.V.m. § 23 II ZVG hinsichtlich Beschlagnahme erforderlich. 1. Veräußerung – 2. Beschlagnahme – 3. Entfernung: § 23 I ZVG greift nicht; aber Gutgläubigkeit hinsichtl. Beschlagnahme **bei Entfernung** erforderlich, § 1121 II 2 1. Beschlagnahme – 2. Entfernung / Veräußerung: Gutgläubigkeit hinsichtlich Beschlagnahme **bei Veräußerung und Entfernung** erforderlich	▪ **Gutgläubiger Erwerb ist unmöglich**, da gem. § 23 II 2 die Beschlagnahme als bekannt gilt, sobald Versteigerungsvermerk eingetragen ist. ▪ Enthaftung gem. § 23 I 2 ZVG nur durch Veräußerung (u.a. Verfügungen) im Rahmen ordnungsgemäßer Wirtschaft.

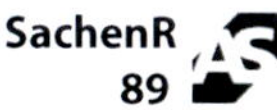

Hypothek (14) – Besondere Formen

Sicherungshypothek, §§ 1184–1186

Noch strengere Akzessorietät als bei der Verkehrshypothek:

- Die Sicherungshypothek kann **nur als Buchrecht** bestellt werden.
- Wenn die Forderung nicht besteht, kann die Sicherungshypothek nicht vom Nichtberechtigten erworben werden, da **§ 1138 nicht gilt**.
  Besteht zwar die Forderung, die Hypothek aber nicht, kommt ein Erwerb vom Nichtberechtigten gem. § 892 jedoch in Betracht.
- **§ 1156 gilt nicht**, sodass die §§ 406 ff. im Verhältnis Eigentümer/Gläubiger anwendbar sind.
- Im Fall der Geltendmachung der Sicherungshypothek wird nicht vermutet, dass die gesicherte Forderung besteht **(§§ 1138 Var. 1, 891 gelten nicht)**.

Höchstbetragshypothek, § 1190

- Wird nicht nur für eine Forderung bestellt, sondern **bis zu einem Höchstbetrag für verschiedene Forderungen** (z.B. alle Forderungen eines Gläubigers gegen den Schuldner).
- Die Höchstbetragshypothek kann **nur als Sicherungshypothek** bestellt werden.
- Gem. § 1190 IV 1 kann eine **gesicherte Forderung auch formlos abgetreten** werden. Dann geht die Hypothek allerdings nicht mit über, § 1190 IV 2.

Gesamthypothek, § 1132

- Wird an **mehreren Grundstücken** bestellt und **jedes der Grundstücke haftet für die gesamte Forderung**.
- Kann als Brief-, Buch-, Verkehrs- o. Sicherungshypothek bestellt werden (allerdings **nur einheitlich** für alle Grundstücke).
- **Inhaberschaft vor Entstehen der Forderung** und **Folgen der Zahlung** sind in §§ 1172–1174 geregelt.

Grundschuld (1) – Überblick, §§ 1191 ff.

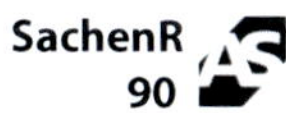

Rechtsnatur

- Die Grundschuld ist ein **beschränkt dingliches Recht** (➲ nach dem Gesetz vom Eigentum abspaltbare Nutzungs- und Verwertungsrechte, vgl. 🗗 16).
- Die Grundschuld ist ein **Grundpfandrecht** (➲ dingliches Verwertungsrecht an einem Grundstück).

Rechtsfolgen

Gläubiger hat gem. §§ 1192 I, 1147 **Anspruch auf Duldung der Zwangsvollstreckung** (nach h.M. kein Zahlungsanspruch; der Gläubiger kann nur Zwangsversteigerung und anschließende Erlösauskehr verlangen. Der Eigentümer **kann** gem. §§ 1142 I, 1192 I **Versteigerung durch Zahlung abwenden**.)

Verhältnis zur gesicherten Forderung

- Die Grundschuld ist **abstrakt** (➲ in Entstehung, Bestand und Untergang **nicht** von Forderung abhängig).
- Die Verknüpfung mit einer zu sichernden Forderung erfolgt durch den **Sicherungsvertrag**, 🗗 95.

Anwendbare Vorschriften

- Gem. § 1192 I finden die **Vorschriften über die Hypothek** Anwendung, soweit sich nicht ein anderes daraus ergibt, „dass die Grundschuld nicht eine Forderung voraussetzt" (= abstrakt ist).
- **NICHT anwendbar** sind: §§ 1137, 1138, 1139, 1141 (stattdessen §§ 1177 I 2, 1193), § 1142 (stattdessen § 1193), §§ 1143, 1153, 1163 I, 1164–1167, 1172, 1174, 1177, 1180, 1184–1187, 1190.
- Bei Zweiterwerb einer Sicherungsgrundschuld nach dem 19.08.2008 (Art. 229 § 18 II EGBGB) ist § 1157 S. 2 für Einreden mit Bezug zum Sicherungsvertrag gem. **§ 1192 I a 1 Hs. 2** unanwendbar (🗗 96).

Die Grundschuld kann:

- durch den Berechtigten bestellt werden, 🗗 91
- durch einen Nichtberechtigten bestellt werden, 🗗 92
- durch den Berechtigten übertragen werden, 🗗 93
- durch einen Nichtberechtigten übertragen werden, 🗗 94

Im Falle der Inanspruchnahme des Eigentümers stellt sich die Frage:

- welche Einreden und Einwendungen ihm zustehen, 🗗 95
- ob die Einreden und Einwendungen auch nach Übertragung der Grundschuld fortbestehen, 🗗 96

Grundschuld (2) – Ersterwerb (Entstehung)

A. Einigung (§ 873) mit dem Inhalt des § 1191

I. Zustandekommen

- Einigung unmittelbar zwischen Grundschuldbesteller und Grundschulderwerber
- Einigung unter Einschaltung von Vertretern und Organen

II. Inhalt, § 1191

1. Gläubiger 2. Belastetes Grundstück
3. Ggf. Ausschließung der Erteilung eines Grundschuldbriefs, §§ 1192 I, 1116 II

III. Wirksamkeit

IV. Kein Widerruf der Einigung bis zum Rechtserwerb (Bindungswirkung nur in den Fällen des § 872 II)

⚠ Bestehen der und Einigung über die **Forderung** – anders als bei Hypothek, 🗗 76 – **nicht erforderlich**. Die Grundschuld ist **abstrakt**.

B. Eintragung der Grundschuld in das Grundbuch, §§ 1192 I, 1115

Soll Buchgrundschuld entstehen, so muss auch Ausschluss der Erteilung des Grundschuldbriefes eingetragen werden (§ 1116 II).

C. Briefübergabe, §§ 1192 I, 1117 (nur bei Briefgrundschuld)

- Auch durch Übergabesurrogat gem. § 1117 I 2 i.V.m. §§ 929 S. 2–931.
- Weiteres Übergabesurrogat: Vereinbarung der Aushändigung des Briefes durch Grundbuchamt.

D. **Berechtigung des Bestellers**, über das **Eigentum** per Belastung zur verfügen

- Verfügungsbefugter Eigentümer
- Kraft Gesetzes oder durch Einwilligung gem. § 185 I Ermächtigter

Grundschuld (3) – Ersterwerb (Entstehung) vom Nichtberechtigten

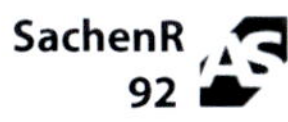

Zu den Voraussetzungen A.–D. vgl. 91

A. Einigung (§ 873) mit dem Inhalt des § 1191

B. Eintragung der Grundschuld in das Grundbuch, §§ 1192 I, 1115

C. Briefübergabe, §§ 1192 I, 1117 (nur bei Briefgrundschuld)

D. Keine Berechtigung des Bestellers, über das **Eigentum** per Belastung zu verfügen

E. Erwerb vom Nichtberechtigten

- **Wirksamwerden der Bestellung gem. § 185 II 1**
  - Genehmigung, § 184
  - Erwerb des Grundstücks durch den Bestellenden
  - Erbenstellung des Bestellenden und unbeschränkte Haftung für Nachlassverbindlichkeiten
- **Unbeachtlichkeit nachträglicher Verfügungsbeschränkung gem. § 878**

  Grundsätzlich ist die Berechtigung des Bestellers im Zeitpunkt des Rechtserwerbs erforderlich. Gem. § 878 hindert eine **nach Abgabe der Einigungserklärungen** eintretende Verfügungsbeschränkung (65) den Rechtserwerb nicht, wenn die **Einigungserklärungen bindend** geworden sind (§ 878) und der **Antrag auf Eintragung** gestellt wurde.
- **Erwerb vom Nichtberechtigten, § 892**

  1. Verkehrsgeschäft als Unterfall des Rechtsgeschäfts
  2. Unrichtigkeit des Grundbuches
  3. Legitimation des Bestellenden aus dem Grundbuch als Eigentümer ⚠ anders bei Zweiterwerb, 94
  4. Keine positive Kenntnis des Erwerbers von Unrichtigkeit des Grundbuchs
  5. Keine Eintragung eines Widerspruchs gegen die Richtigkeit des Grundbuchs

  (Einzelheiten 66 ff.)

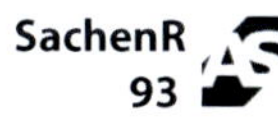

Grundschuld (4) – Zweiterwerb (Übertragung)

A. Einigung über die Übertragung der Grundschuld

Weil die Grundschuld abstrakt ist, muss sie – anders als die Hypothek – **separat übertragen** werden (§ 1153 I und § 401 gelten nicht). Will der Gläubiger Forderung und Grundschuld übertragen, müssen zwei Einigungen geschlossen werden. Grds. sind diese voneinander unabhängig, siehe B.

I. Einigung über die Übertragung der Grundschuld unmittelbar zwischen Übertragendem und Erwerber oder unter Einschaltung von Vertretern und Organen

II. Form, §§ 1192 I, 1154

- **Briefgrundschuld:** Übertragungserklärung in **schriftlicher** Form und **Übergabe** (§ 1117, 79 entsprechend) des Grundschuldbriefes, § 1154 I (die schriftliche Erklärung kann durch Eintragung in das Grundbuch ersetzt werden, § 1154 II)
- **Buchgrundschuld:** Einigung und Eintragung im Grundbuch, §§ 1154 III, 873

§ 1154 ist also so zu lesen, dass er für die Übertragung der Grundschuld gilt. Die **Forderung** kann hingegen – anders als bei der Hypothek, 79 – **formfrei** abgetreten werden.

III. Wirksamkeit

B. Berechtigung des Verfügenden: Inhaber der Grundschuld (oder von diesem gem. § 185 I oder kraft Gesetzes ermächtigt) – **Eigentumslage irrelevant**, es wird nicht über das Eigentum verfügt

- Anders als bei der Hypothek reicht für die Übertragung der Grundschuld die Berechtigung des Verfügenden hinsichtlich der Grundschuld aus. Die **Berechtigung/Inhaberschaft hinsichtlich der Forderung** ist keine **Voraussetzung für die wirksame Abtretung der Grundschuld**.
- Im **Sicherungsvertrag** kann jedoch gem. **§ 399 Var. 2** mit dingl. Wirkung vereinbart werden, dass die Grundschuld nicht ohne die Forderung und die Forderung nicht ohne die Grundschuld übertragen werden kann.
  - Die gesicherte Forderung kann dann nicht wirksam übertragen werden, ohne dass die Grundschuld übertragen wird (**dingliche Wirkung des Abtretungsverbotes** gem. § 399 Var. 2).
  - Ein Abtretungsverbot stellt allerdings im Hinblick auf die **Grundschuld** eine **Inhaltsänderung** dar, sodass diese zu ihrer Wirksamkeit in das Grundbuch eingetragen werden muss (§§ 877, 873).

Grundschuld (5) – Zweiterwerb (Übertragung) vom Nichtberechtigten

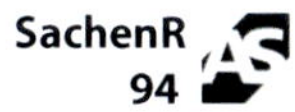

Zu den Voraussetzungen A. und B. vgl. 93

A. Einigung über die Übertragung der Grundschuld

B. Keine Berechtigung des Verfügenden zur Verfügung über die **Grundschuld** per Übertragung.

⚠ Eigentumslage irrelevant

C. Erwerb vom Nichtberechtigten

- § 185 II 1;
- §§ 1192 I, 1154 III, 878;
- § 892: **Abtretender ist nicht Inhaber der Grundschuld (Mangel im dinglichen Recht)**

Bestellung der Grundschuld angefochten

- Verkehrsgeschäft als Unterfall des Rechtsgeschäfts
- Legitimation des Verfügenden aus dem Grundbuch als Inhaber der Grundschuld
- Kein Widerspruch für den Berechtigten eingetragen
- Unrichtigkeit des Grundbuches
- Keine Kenntnis des Erwerbers

(Einzelheiten 66 ff.)

⚠ Es hat **keine Auswirkung auf den Erwerb der Grundschuld**, wenn der Verfügende nicht Inhaber der gesicherten Forderung ist, da der **Mangel der Forderung** für den Bestand der abstrakten Grundschuld ohne Folge ist. § 1138 Var. 1 ist dementsprechend für den Erwerb der Grundschuld irrelevant und daher auf diese nicht anwendbar. Es besteht **aber eine Einrede**, 95.

Darlehen nicht valutiert, daher keine gesicherte Forderung aus § 488 I 2

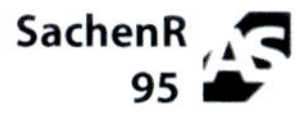

Grundschuld (6)
Sicherungsvertrag/Einreden und Einwendungen

Inhalt des Sicherungsvertrages (auch konkludent)

⚠ **Klausurhinweis:** Dieser Inhalt muss bekannt sein und durch ergänzende Auslegung in den Sicherungsvertrag hineingelesen werden. **Faustregel:** Es sollte das gelten, was bei der Hypothek ipso iure geschieht.

- Verpflichtung zur Bestellung einer Grundschuld (d.h. **Rechtsgrund** für die Grundschuldbestellung i.S.v. § 812)
- Abrede über die gesicherte **Forderung**
- **Verwertungsrecht** bzgl. Grundschuld, das aber nicht vor Fälligkeit der Forderung besteht
- **Anspruch auf Rückübertragung** der Grundschuld (aufsch. bedingt durch Tilgung d. gesicherten Forderung)
  - Daraus ergibt sich die **Einrede gem. § 273 I**, dass die Forderung nur **Zug um Zug** gegen Rückübertragung der Grundschuld getilgt werden muss.
  - Bei **Nichtbestehen der Forderung** hat der Eigentümer eine **dauerhafte Einrede**.

Einreden und Einwendungen des Eigentümers vor der Abtretung der Grundschuld

- **Einwendungen** u. **Einreden** gg. **Grundschuld** stehen Eigentümer selbstverständl. zu (gesetzl. nicht geregelt).
- **Einwendungen gegen die Forderung**
  - Bei der Hypothek führt Nichtbestehen der Forderung zu Nichtbestehen der Hypothek, §§ 1163 I, 1177 I 1 (🗗 84).
  - Bei abstrakter Grundschuld hat Nichtbestehen der Forderung grds. keine Auswirkung auf Bestand der Grundschuld.
  - Dem Eigentümer steht aber **Einrede der Nichterfüllung bzw. des Fortfalls des Sicherungszwecks** (bei Nichtentstehen der Forderung auch: „Einrede der Nichtvalutierung") aus Sicherungsvertrag gegenüber Grundschuld zu.

💡 Eine **Einwendung** gegen die Forderung ist also eine **Einrede** gegen die Grundschuld. Anders bei Hypothek, 🗗 84.

- **Einreden gegen die Forderung**
  - Bei Hypothek sind Einreden gegen Forderung gem. § 1137 auch Einreden gegen Hypothek, 🗗 85.
  - § 1137 gilt bei der Grundschuld nicht.
  - Aber aus Sicherungsvertrag ergibt sich, dass Einrede gegen die Forderung auch Einrede gegen die Grundschuld ist.

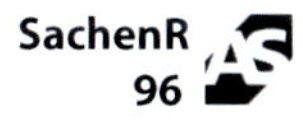

Grundschuld (7)
Sicherungsvertrag/Einreden und Einwendungen

Einreden und Einwendungen des Eigentümers gegen den Zessionar nach Abtretung der Grundschuld

- **Einwendungen** gegen die **Grundschuld** können nach Abtretung der Grundschuld entstehen.
  - Wenn die Einwendung die Grundschuld **vor der Abtretung beseitigt** hat, kann der neue Gläubiger hingegen gem. § 892 die Grundschuld erwerben, 🗗 94.
- **Einreden gegen die Grundschuld** wirken gem. §§ 1192 I, 1157 S. 1 auch gegen den neuen Gläubiger
  - ⚠ Der neue Gläubiger kann allerdings die Grundschuld **einredefrei erwerben**, §§ 1192, 1157 S. 2, 892.
  - ⚠ In diesem Fall gilt **§ 1192 I a 1 Hs. 2**, der § 1157 S. 2 für unanwendbar erklärt, **nicht**, da es sich i.d.R. nicht um Einreden mit Bezug zum Sicherungsvertrag handelt.
  - § 853 bei arglistigem Erwerb; Stundung der Grundschuld und Vollstreckungsverzicht durch gesonderte Vereinbarung (str.); Bereicherungseinrede (§ 821) bei unwirksamem Sicherungsvertrag (str.)
- **Einreden und Einwendungen gegen die Forderung** begründen aufgrund des Sicherungsvertrags ebenfalls Einreden gegen die Grundschuld, die dem neuen Erwerber entgegengehalten werden können, §§ 1157 S. 1, 1192 I.
  - Grds. ist gem. §§ 1192 I, 1157 S. 2, 892 ein **einredefreier Erwerb** der Grundschuld möglich.
  - Nach **§ 1192 I a 1** ist beim Erwerb einer Sicherungsgrundschuld nach dem 19.08.2008 (Art. 229 § 18 II EGBGB), ein einredefreier Erwerb gem. § 1157 S. 2 **nicht möglich**, soweit die Einrede **Bezug zum Sicherungsvertrag** hat.
    Erfasst sind sowohl Einreden, die bei Abtretung dem Zedenten **bereits „zustehen"**, als auch solche, die sich bei Abtretung nur **aus dem Sicherungsvertrag „ergeben"**. Dies sind solche Einreden, deren Tatbestand bei Abtretung noch nicht voll erfüllt, deren Rechtsboden aber schon vorbereitet ist
  - Nichtigkeit der Forderung, Nichtvalutierung; (Teil-)Rückzahlung; Stundung der Grundschuld (⚡ str.); § 821 (⚡ str.)

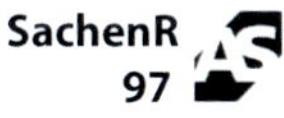

Grundschuld (8) – Rechtsänderungen bei Zahlung

Eigentümer zahlt

Schuldner zahlt

Identität von Eigentümer und persönlichem Schuldner

- **Zahlung nur auf die Forderung** (i.d.R. bei Ratenzahlung)
  - **Forderung** erlischt, § 362 I
  - **Grundschuld** besteht, aber Einrede des Wegfalls des Sicherungszwecks bzw. nach vollständiger Tilgung Rückübertragungsanspruch aus Sicherungsvertrag
- **Zahlung auf Forderung und Grundschuld** (i.d.R. bei Zahlung in einer Summe)
  - **Forderung** erlischt, § 362 I
  - **Grundschuld** wird zur Eigentümergrundschuld (h.M.: § 1143 entsprechend, a.A.: § 1163 I 2 entsprechend).

Personenverschiedenheit von Eigentümer und persönlichem Schuldner

Eigentümer zahlt i.d.R. nur auf die **Grundschuld**, um die Zwangsversteigerung zu verhindern (§§ 1192 I, 1142 I).

- **Forderung** bleibt bestehen und geht auch <u>**nicht**</u> gem. § 1143 auf ihn über (Eigentümer kann aber aus Sicherungsvertrag Abtretung verlangen).
- **Grundschuld** wird zur Eigentümergrundschuld (h.M. § 1143 entsprechend, a.A. § 1163 I 2 entsprechend).

Schuldner zahlt i.d.R. nur auf Forderung.

- **Forderung** erlischt gem. § 362 I (zahlt einer von mehreren Gesamtschuldnern, geht gem. § 426 II die Forderung auf ihn über).
- **Grundschuld** besteht, aber Einrede des Wegfalls des Sicherungszwecks bzw. nach vollständiger Tilgung Rückübertragungsanspruch des Eigentümers (den er ausnahmsweise in der §-1164-Situation an Schuldner abtreten muss).

Zum Schuldnerschutz bei Zahlung an Nichtberechtigten vgl. 87

Ablösungsberechtigter Dritter zahlt (vgl. §§ 1192 I, 1150, 268)

Mieter (§ 57 a ZVG); nachrangiger Inhaber eines anderen Grundpfandrechts oder Vormerkung (§§ 52 I, 44 ZVG)

- **Grundschuld:** Dritter zahlt i.d.R. auf Grundschuld, die gem. §§ 1192 I, 1150, 268 III auf ihn übergeht.
- **Forderung:** Es ist str., ob die Forderung bei Zahlung auf Grundschuld erlischt oder der Dritte gegen den Gläubiger nur einen Anspruch auf Abtretung hat.

⚠ Zahlt er auf die Forderung, geht auch nur diese gem. § 268 III auf ihn über, und nicht etwa die Grundschuld (auch nicht nach § 401, da Grundschuld nicht akzessorisch).

Bei jeder Zahlung gilt:

Einreden gegen
- Forderung bleiben erhalten, § 404
- Grundschuld bleiben erhalten, §§ 1157, 1192 I

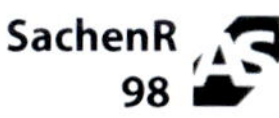

Herausgabeanspruch des Eigentümers, § 985 (1)

- Die §§ 985 ff. gelten für **bewegliche und unbewegliche Sachen**.
- Sie gelten **entsprechend** für Pfandgläubiger (§ 1227), Nießbraucher (§ 1065), Wohnungseigentümer (§ 13 I WEG).
- Sie gelten **analog** für das Anwartschaftsrecht (⧉ 55).
- Die Voraussetzungen müssen im **Zeitpunkt des Herausgabeverlangens** vorliegen. In der Klausursituation ist das **oft „heute"** („Kann E von B Herausgabe verlagen?"). Bei prozessualer Einkleidung und Erledigung (⧉ ZPO) ist allerdings **in die Vergangenheit** zu prüfen. In einer Anwaltsklausur kann auch **in die Zukunft** zu prüfen sein („Was ist E zu raten, damit er Herausgabe verlangen kann?").

I. Anspruchsteller = Eigentümer

1. Anspruchsteller ist irgendwann Eigentümer geworden bzw. wird so behandelt
   - weil er Eigentum **rechtsgeschäftlich** (vom Berechtigten oder vom Nichtberechtigten) erworben hat, §§ 929 ff.; §§ 873, 925, 892 (⧉ 17 ff./64 ff.).
   - weil er es **kraft Gesetzes** erworben hat (⧉ 37 ff.).
   - weil er es durch **Hoheitsakt** (⧉ 44) erworben hat.
   - weil dies gem. § 891 bzw. gem. § 1006 (⧉ 102) **vermutet** wird.
2. Anspruchsteller darf das Eigentum **nicht (wieder) verloren** haben durch
   - rechtsgeschäftlichen (gleich, ob vom Eigentümer, von einem sonstigen Berechtigten oder vom Nichtberechtigten), gesetzlichen oder hoheitlichen **Eigentumserwerb eines Dritten**.
   - Aufgabe **(Dereliktion) gem. § 928 bzw. § 959**.

II. Anspruchsgegner = Besitzer

1. Unmittelbarer Besitzer, vgl. ⧉ 7–11, oder
2. mittelbarer Besitzer, vgl. ⧉ 12

} Unterschiedlicher Anspruchsinhalt, ⧉ 100

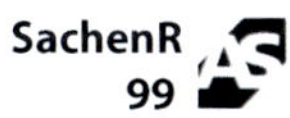

Herausgabeanspruch des Eigentümers, § 985 (2)

III. Kein Recht zum Besitz, § 986

(h.M. Einwendung, arg. Vergleich mit § 1004 II, § 1007 III; a.A.: Einrede; Bedeutung insbes. für Versäumnisverfahren, §§ 330 ff. ZPO)

- **Eigenes** (originäres) Besitzrecht des Besitzers, § 986 I 1 Var. 1
  - Inhaber eines **dinglichen** (Nießbrauchsberechtigter, Pfandrechtsinhaber) oder **obligatorischen** Rechts (Mieter, Käufer, Sicherungsgeber)

    Inhaber eines **Anwartschaftsrechts**, str., vgl. 54
  - **Gesetzliches** Besitzrecht, insbes. aus **Erb- und Familienrecht** (§§ 1353, 1626, 2205 S. 2; § 148 I InsO)
  - **Sonstiges** Besitzrecht (berechtigte GoA)
- **Abgeleitetes** (derivatives) Besitzrecht des Besitzers, § 986 I 1 Var. 2

  a) Mittelsmann muss eigenes Besitzrecht **gegenüber Eigentümer** haben.

  b) Mittelsmann muss **zur Besitzüberlassung** an unmittelbaren Besitzer **befugt** gewesen sein (arg. § 986 I 2).

  c) Unmittelbarer Besitzer muss Besitzrecht **gegenüber Mittelsmann** haben.

  Es sind nicht zwingend Besitzmittlungsverhältnisse erforderlich; ausreichend ist „lückenlose Besitzrechtskette" (E verleiht an V, V verkauft mit Zustimmung des E an K und überträgt den Besitz).
- **Besitzrecht nach § 986 II bei Veräußerung**

  Der unmittelbare Fremdbesitzer kann bei Veräußerung nach **§§ 929 S. 1, 931** dem neuen Eigentümer gegenüber die gegen den abgetretenen Herausgabeanspruch bestehenden Einreden erheben, **§ 986 II**.

  Veräußert der mittelbare Besitzer seine Sache nach **§§ 929 S. 1, 930** (mehrstufiger mittelbarer Besitz entsteht nach § 871: Besitzer ⇨ Veräußerer ⇨ Erwerber), kann der unmittelbare Besitzer die Einreden aus dem Besitzmittlungsverhältnis mit dem Veräußerer auch dem Erwerber entgegenhalten, **§ 986 II analog**.

Herausgabeanspruch des Eigentümers, § 985 (3)

Durchsetzbarkeit des Eigentumsherausgabeanspruchs (Einreden)

- **Zurückbehaltungsrecht gem. §§ 273, 1000** (⚡ so die h.Lit., arg.: führt nicht zur Klageabweisung, sondern zur Verurteilung Zug um Zug; Rspr.: §§ 273, 1000 normieren Recht zum Besitz)
- **Zurückbehaltungsrecht gem. § 241 a** (⚡ a.A.: Recht zum Besitz; dagegen spricht, dass dann die Wirkung des § 241 a nicht nur den Verbraucher, sondern über § 986 I 1 Var. 2 auch einen nicht schutzbedürftigen Dritten schützen könnte)
- **Verjährung**
  - Herausgabeanspruch bzgl. **Grundstück** gem. § 902 I 1: nie

    ⚠ Beachte aber die Möglichkeit der Buchersitzung gem. § 900, vgl. 🗗 42
  - Herausgabeanspruch bzgl. **beweglicher Sache**: gem. §§ 197 I Nr. 2, 200: 30 Jahre ab Entstehung

Inhalt des Herausgabeanspruchs

Gegen **unmittelbaren** Besitzer:

- Herausgabe der Sache an den Eigentümer
- Soweit mittelbarer Besitzer existiert gem. § 986 I 2 grds. nur Herausgabe an diesen, es sei denn, er kann oder will den unmittelbaren Besitz nicht wiedererlangen.

⚡ Gegen **mittelbaren** Besitzer:

- e.A.: nur Abtretung des Herausgabeanspruchs
- h.M.: alternativ auch Herausgabe der Sache (arg.: Prozessökonomie, insbes., wenn der Anspruchsgegner die Sache zurückerhält); Vollstreckung der Herausgabe ist dann im Ergebnis gegen beide Besitzer möglich (§§ 883, 885 ZPO bzw. §§ 886, 828 ff., 847 ZPO).

Herausgabeanspruch des Eigentümers, § 985 (4)

Auf den Herausgabeanspruch anwendbare Vorschriften

- **Schuldnerverzug (§ 286)** über § 990 II anwendbar gegen bösgläubigen Besitzer (🗗 110).
- **Annahmeverzug, §§ 293 ff.**, anwendbar
- **Herausgabe des Surrogats (§ 285)** nicht anwendbar (arg.: Eigentümer hätte sonst evtl. Ansprüche gegen alten Besitzer [§ 285] und neuen Besitzer [§ 985 wegen § 935]). Das Gesetz löst diese Fälle über §§ 816 I 1, 185 II 1 Var. 1: Der Eigentümer kann entweder die Sache vom Erwerber herausverlangen oder die Veräußerung an ihn genehmigen und dann den Erlös vom Veräußerer fordern.

  V veräußert den bei E gestohlenen Pkw an B.
- **Schadensersatz statt der Leistung (§ 281)** anwendbar (h.M., arg.: Eigentümer soll die Freiheit haben, nach § 281 IV auf den Sekundäranspruch umzusteigen; kein unbilliger „Zwangskauf" für den uneinsichtigen Besitzer, er könnte ja freiwillig herausgeben; Besitzer wird durch Eigentumserwerb ipso iure oder zumindest durch Anspruch auf Übereignung geschützt).

  E verlangt die Herausgabe seines Pkw von B bis nächste Woche Dienstag. B lässt die Frist ohne Reaktion verstreichen. E kann von B weiterhin Herausgabe verlangen (§ 985) oder Schadensersatz in Höhe des Wertes (§§ 280 I u. III, 281 I). Letztenfalls wird B Eigentümer bzw. kann Übereignung verlangen (arg.: § 281 IV).
- **Schadensersatz wegen Unmöglichkeit (§ 283)** nicht anwendbar, §§ 989 ff. sind leges speciales
- Herausgabeanspruch **nicht selbstständig abtretbar**, vgl. 🗗 24
- **Erfüllungsort**
  - **Grds.** Ort, an dem sich Sache zur Zeit des Herausgabeverlangens befindet
  - Beim Anspruch gegen **Bösgläubigen**: Ort, an dem sich Sache z.Z. des Eintritts der Bösgläubigkeit befindet
  - Beim Anspruch gegen **Deliktsbesitzer**: Ort, an dem Besitz erlangt wurde

Eigentumsvermutung, § 1006

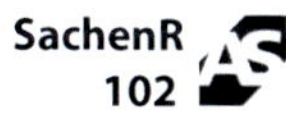

Nach § 1006 wird für **bewegliche Sachen** eine widerlegbare Vermutung aufgestellt. Dabei wird nicht (!) direkt „das Eigentum" vermutet. Die **Vermutung** erfolgt vielmehr **mehrschrittig**, sodass eine **Widerlegung** aus mehreren Gründen möglich ist. (Im Grundstücksrecht gilt § 891: Es wird vermutet, dass derjenige Eigentümer ist, der im Grundbuch eingetragen ist.)

Eigentumsvermutung zugunsten des **gegenwärtigen unmittelbaren** Eigenbesitzers	Eigentumsvermutung zugunsten des **früheren unmittelbaren** Besitzers
§ 1006 I **S. 1** ▪ Vermutung, dass der Besitzer Eigenbesitz begründet und dabei unbedingtes Eigentum erworben hat **(Erwerbsvermutung)** **Widerlegung:** Begründung von Fremdbesitz im Zeitpunkt des Besitzerwerbs ▪ Vermutung, dass Besitzer Eigentum immer noch inne hat **(Bestandsvermutung)** **Widerlegung:** Nachweis des fehlenden Eigentumserwerbs/des Eigentumsverlustes **S. 2** Vermutung gilt nicht **gegenüber früherem Besitzer** bei Abhandenkommen	**§ 1006 II** ⚠ Vermutung besteht zwar entgegen dem Wortlaut **auch nach Besitzverlust** fort ⚠ Kommt aber nur zur Anwendung, wenn **keine Eigentumsvermutung für gegenwärtigen oder späteren Besitzer** spricht. ▪ Erwerbsvermutung ▪ Bestandsvermutung ▪ Vermutung gilt nicht gegenüber früherem Besitzer bei Abhandenkommen } wie bei § 1006 I

§ 1006 III Vermutungen gelten auch für **mittelbaren** Besitzer

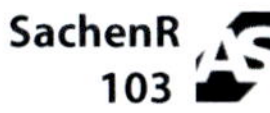

EBV (1) – Überblick

Sinn und Zweck des EBV (Eigentümer-Besitzer-Verhältnis)

- Der **unrechtmäßige Besitzer, der sich für Eigentümer oder berechtigten Fremdbesitzer hält** (Gutgläubigkeit bzgl. Besitzrecht), soll gegenüber den allgemeinen Vorschriften des Delikts-/Bereicherungsrechts **privilegiert** werden.
- Die **Haftung des unrechtmäßigen, bösgläubigen** oder gar auf Herausgabe **verklagten Besitzers** wird demgegenüber **verschärft**. Das EBV begründet ein gesetzliches Schuldverhältnis, sodass die Haftung für Gehilfen sich (ohne Exkulpationsmöglichkeit) nach § 278 S. 1 Var. 2 und z.T. nach §§ 280 ff. (vgl. 🗗 101) statt „nur" nach § 831 richtet.

Struktur des EBV

Ansprüche **GEGEN** den unrechtmäßigen Besitzer:
- Schadensersatz: **Konkurrenz zu den §§ 823 ff.**
- Ersatz von Nutzungen: **Konkurrenz zu den §§ 812 ff.**

Ansprüche **DES** unrechtmäßigen Besitzers:
- Verwendungsersatz: **Konkurrenz zu den §§ 812 ff.**

Anwendbarkeit des EBV

- §§ 987 ff. **direkt:** Verhältnis Eigentümer – unrechtmäßiger Besitzer (**Vindikationslage**, vgl. 🗗 98 f.)
- §§ 987 ff. kraft **Verweisung:**
  - § 292 I und II: Haftung bei Herausgabepflicht
  - §§ 818 IV, 819 I, 292: Haftung bei Herausgabepflicht des bösgläubigen Bereicherten
  - § 1227: Verhältnis Pfandgläubiger – unrechtmäßiger Besitzer
  - § 1007 III 2: Haftung des „schlechteren Besitzers"
- §§ 987 ff. **analog im Immobilienrecht:**
  - Verhältnis Eigentümer – unrechtmäßig besitzender „Bucheigentümer"
  - Verhältnis dinglich Vorkaufsberechtigter – unrechtmäßig besitzender Erwerber
  - Verhältnis Vormerkungsberechtigter – unrechtmäßig besitzender Erwerber

EBV (2) – Vindikationslage

Vindikationslage

Ansprüche aus den §§ 987 ff. setzen voraus, **dass im Zeitpunkt des anspruchsbegründenden Ereignisses (Schadenseintritt, Nutzungsziehung, Verwendungsvornahme) Vindikationslage** bestand. Sie besteht, wenn der Eigentümer gegen den Besitzer in diesem Zeitpunkt einen **Herausgabeanspruch gem. § 985** hatte (🗗 98 f.).

ϟ Vindikationslage in Sonderfällen

Nicht-so-Berechtigter	Noch-Berechtigter	Nicht-mehr-Berechtigter (Beendigung wirks. Verträge)	Umwandlung Fremd- in Eigenbesitz	Noch-nicht-Berechtigter
Besitzer ist rechtmäßiger* Fremdbesitzer, der jedoch die **Grenzen seines Besitzrechts überschreitet**.	Besitzer ist rechtmäßiger Fremdbesitzer, ist aber **jederzeit zur Herausgabe verpflichtet**.	Besitzer ist **redlicher** Fremdbesitzer, das **frühere Besitzrecht ist aber erloschen.**	Besitzer ist **rechtmäßiger Fremdbesitzer**, verfährt aber mit der Sache unberechtigterweise wie ein Eigentümer.	Besitzer hat zwar **kein Besitzrecht**, hat den **Besitz aber auf Veranlassung des Eigentümers erhalten**.
🔍 Mieter schaukelt am Kronleuchter.	🔍 Verwahrung, Leihe	🔍 Mietvertrag wirksam gekündigt, Mieter geht aber gutgl. davon aus, dass Kündigung unwirksam war.	🔍 Entleiher veräußert Sache.	🔍 Zusendung unbestellter Ware

* Beim **rechtswidrigen** Fremdbesitz **(Fremdbesitzerexzess)** EBV (+), näher 🗗 108

EBV (3) – Vindikationslage

Vindikationslage in Sonderfällen (Fortsetzung)

Nicht-so-Berechtigter	Noch-Berechtigter	Nicht-mehr-Berechtigter (Beendigung wirks. Verträge)	Umwandlung Fremd- in Eigenbesitz	Noch-nicht-Berechtigter
H.M.: EBV (–), Besitz kann nicht in rechtmäßigen und unrechtmäßigen Teil aufgespalten werden. Haftung unmittelbar aus Vertrag, Delikt und Bereicherungsrecht	**H.Lit.: EBV (–)**, Besitzer hat wirksames Recht (und sogar Pflicht) zum Besitz. „Habendürfen" genügt, „Behaltendürfen" nicht erforderlich. Haftung unmittelbar aus Vertrag, Delikt und Bereicherungsrecht	**H.M.: EBV (+)**, neben Ansprüche aus beendetem Vertrag, Delikt oder Bereicherung treten §§ 987 ff. <u>haftungssteigernd</u> hinzu (keine Sperrwirkung des EBV).	**H.Lit.: EBV (–)**, durch Eigenbesitzerwille wird Rechtmäßigkeit des Besitzes nicht berührt (ähnlich wie der Nicht-so-Berechtigte – vgl. dort).	**E.A.: EBV (–)**, Besitzer hat wirksames Recht zum Besitz. ⚠ Bei Anwendbarkeit des **§ 241 a** besteht kein Herausgabeanspruch, sodass ein EBV nach allen Ansichten ausscheidet.
A.A.: EBV (+), Besitzer hat kein Recht zu diesem Besitz (daneben auch §§ 823 ff. anwendbar).	**Rspr.: EBV (analog) (+)**, Besitzer weiß, dass er jederzeit zur Herausgabe verpflichtet ist und steht daher verklagtem Besitzer gleich. §§ 987 ff. <u>zusätzlich</u> analog anwendbar.	**A.A.: EBV (–)**, Vorrang des Vertragsrechts verdrängt EBV; §§ 823 ff. u. §§ 812 ff. unmittelbar anwendbar.	**Rspr.: EBV (+)**, mit Willenswechsel liegt Besitzneubegründung vor, §§ 989, 990 neben §§ 823 ff. anwendbar.	**A.A.: EBV (+)**, Besitzer weiß, dass er bei Rückforderung zur Herausgabe verpflichtet ist und steht daher verklagtem Besitzer gleich.

EBV (4) – Schadensersatzpflicht des unrechtmäßigen bösgläubigen oder verklagten Besitzers, §§ 989, 990

1. **Vindikationslage im Zeitpunkt des schädigenden Ereignisses**, vgl. 98
2. **Bösgläubigkeit (§ 990 I) oder Rechtshängigkeit (§ 989)**
   a) **Bösgläubigkeit, § 990 I**
   - **Bezugspunkt:** Recht zum Besitz; beim Eigenbesitz als Eigentümer [§ 872] allerdings zugleich Glaube an Besitzrecht, da das Eigentum das stärkste Besitzrecht ist
   - **Maßstab und Zeitpunkt:** positive Kenntnis oder grob fahrlässige Unkenntnis **beim Erwerb des Besitzes** (§ 990 I 1) oder **spätere** positive Kenntnis (§ 990 I 2).
   - **Zurechnung:**
     – Bei Besitz durch **selbstständig handelnden Besitzdiener** (§ 855, vgl. 11) Zurechnung gem. § 166 I analog (a.A. jeder Besitzdiener gem. § 166 I analog/§ 831 analog; gleiches Ergebnis, wenn keine Exkulpation).
     – Bei Besitz eines **Minderjährigen** kommt es nach h.M. bei **Rückabwicklung unwirksamer Verträge** auf die Bösgläubigkeit des **gesetzlichen Vertreters** und bei **unerlaubten Handlungen** auf die **Einsichtsfähigkeit** des Minderjährigen i.S.v. § 828 analog an (a.A. generelle Anwendbarkeit von § 828 analog).
     – Bei Besitz eines **Erben** wird dem Erben, solange er „nur" Besitzer i.S.v. § 857 (vgl. 11) ist, die **Bösgläubigkeit des Erblassers** zugerechnet; ergreift er selbst die **Sachherrschaft**, kommt es auf **eigene Bösgläubigkeit** an.
     – Bei Besitz **juristischer Personen** kommt es auf die Bösgläubigkeit der **Organe** gem. § 31 analog an.

   b) **Rechtshängigkeit:** Zeitpunkt der Rechtshängigkeit der Herausgabeklage gem. § 261 ZPO, was gem. § 253 I ZPO die Zustellung der Klageschrift durch Gericht an Beklagten erfordert (§ 167 ZPO gilt nicht).
3. **Verletzungshandlung:** Beschädigung, Zerstörung, Unmöglichkeit der Herausgabe
4. **Verschulden** der Verletzung, §§ 276, 278 – Die Verletzung geschieht oft sogar vorsätzlich (Weitergabe an Abkäufer; Verbrauch). Auf ein Verschulden der Vindikationslage kommt es nicht an
5. **Rechtsfolge: Schadensersatz**, vgl. 110

EBV (5) – Weitere Schadensersatzpflichten

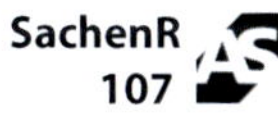

Schadensersatzpflicht des deliktischen Besitzers, § 992

- §§ 823 ff. sind zwar grds. **gesperrt**, § 993 I Hs. 2.
- Der sog. **deliktische Besitzer** haftet trotzdem nach den Regeln der §§ 823 ff.
- § 992 ist eine **Rechtsgrundverweisung**, sodass § 992 und §§ 823 ff. verwirklicht sein müssen.
  - Gem. § 992 Besitzverschaffung durch schuldhafte (arg.: Gleichbehandlung beider Alternativen) verbotene Eigenmacht oder durch Straftat (Verschulden bzgl. Rechtswidrigkeit der Besitzverschaffung).
  - Gem. § 823 I schuldhafte und rechtswidrige Eigentumsverletzung.

Besitzverschaffung durch Straftat

- Nur Normen, die die **Art und Weise der Besitzverschaffung** unter Strafe stellen (**nicht:** den Besitz selbst, die Norm muss also nicht dem Schutz des Eigentums dienen).
  Nötigung, Diebstahl, Raub, Erpressung, Hehlerei, Betrug (Unterschlagung u. Untreue nur, wenn dadurch gerade der Besitz erworben wurde)
- Die gem. § 823 I erforderliche rechtswidrige und schuldhafte **Eigentumsverletzung liegt schon in der Besitzverschaffung**, wenn der Täter wusste bzw. fahrlässig nicht wusste, dass er nicht der Eigentümer ist (h.M.; a.A.: direkte Haftung aus § 823 I). Ansonsten zeitlich spätere Eigentumsverletzung (Diebstahl am Montag, Zerstörung am Dienstag).

Besitzverschaffung durch verbotene Eigenmacht, 13

- Nach h.M. ist – über den Wortlaut hinaus – **schuldhafte verbotene Eigenmacht** erforderlich
  Nimmt ein Restaurantbesucher einen falschen Schirm mit, begeht er, auch ohne Verschulden, verbotene Eigenmacht. Nach §§ 992, 858, 823 ff. soll er aber nur haften, wenn er die Schirme zumindest fahrlässig verwechselt hat.
- Wer sich beim Sachentzug für Eigentümer halten durfte, handelt zudem **ohne Verschulden** i.S.d. § 823 I.
  Ohne Verschulden keine Haftung nach § 823 I. Der Besitzer haftet aber, wenn er später von seinem fehlenden Eigentum erfährt oder fahrlässig nicht erfährt und danach den Tatbestand des § 823 I verwirklicht.

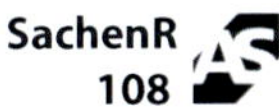

EBV (6) – Weitere Schadensersatzpflichten

Schadensersatzpflicht des unrechtmäßigen gutgläubigen Eigenbesitzers

- **Keine Haftung aus EBV** – Wer sich für den Eigentümer hält und halten darf, wird durch das EBV privilegiert.
- **Keine Haftung aus §§ 823 ff. (Sperrwirkung des § 993 I Hs. 2; Ausnahme § 826)**

Schadensersatzpflicht des unrechtmäßigen gutgläubigen Fremdbesitzers

A. Fremdbesitzer besitzt für einen anderen als den Eigentümer (3-Personen-Verhältnis), § 991 II

B mietet von V den Pkw des E. B hält V für Eigentümer.

Haftung des unmittelbaren Besitzers gegenüber Eigentümer auf Schadensersatz trotz Gutgläubigkeit, wenn er dem mittelbaren Besitzer gegenüber (z.B. aus Vertrag) verantwortlich ist.

- Haftungs**beschränkungen** zwischen unmittelbarem und mittelbarem Besitzer wirken ggü. Eigentümer.
- Haftungs**erweiterungen** wirken nach h.M. jedenfalls bei **Zufallshaftung** (Haftung ohne Verschulden irgendeiner Person) nicht ggü. Eigentümer, da sonst der **gutgläubige** unrechtmäßige Besitzer nach § 991 II schlechter stehen würde, als der **bösgläubige** nach §§ 989, 990.
- Auch bei **Unwirksamkeit des Besitzmittlungsverhältnisses** ist der unmittelbare Besitzer „verantwortlich" i.S.d. § 991 II. Er haftet ggü. dem Eigentümer daher so, als ob das Besitzmittlungsverhältnis wirksam wäre.

B. Fremdbesitzer besitzt unmittelbar für den Eigentümer (2-Personen-Verhältnis)

Fall **im EBV nicht geregelt** (B mietet von E dessen Pkw, ohne zu erkennen, dass der Mietvertrag nichtig ist: §§ 989, 990 [–], da B gutgläubig; §§ 991 II, 989 [–], da B nicht für Dritten, sondern für E als Eigentümer besitzt; §§ 992, 823 ff. [–], wenn Besitz nicht durch verbotene Eigenmacht/Straftat erlangt). :

- Nach **h.M.** Haftung unmittelbar aus **§§ 823 ff.** (trotz Sperrwirkung des § 993 I a.E.)
  Allerdings gelten die Haftungsbeschränkungen des unwirksamen Vertrages zwischen Eigentümer und Besitzer.
- Nach **a.A.** zusätzlich Haftung aus **§§ 991 II, 989 analog**

Unterschied wird relevant, wenn Besitzer sich für § 831 exkulpiert. Wendet man §§ 992 II, 989 analog an, so haftet er über § 278 S. 1 Var. 2 ohne Exkulpationsmöglichkeit für seinen Erfüllungsgehilfen.

EBV (7) – Weitere Schadensersatzpflichten

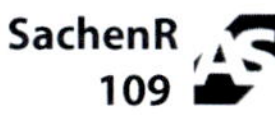

Haftung des bösgläubigen Besitzers auch aus Delikt?

Bei diesem Streit um die Sperrwirkung handelt es sich um **„den" Klassiker im EBV**, der in fast jeder EBV-Klausur eine Rolle spielt.

Es ist umstritten, ob die **Sperrwirkung** des § 993 I Hs. 2 **auch für den bösgläubigen Besitzer** gilt:

- Nach e.A. gilt die Sperrwirkung nicht, sodass die **§§ 823 ff. unmittelbar anwendbar** sind. Der bösgläubige und der verklagte Besitzer seien nicht schutzwürdig. Wenn schon der gutgläubige Fremdbesitzer beim Fremdbesitzerexzess nach § 823 I hafte (vgl. 108), so müsse dies erst recht für den bösgläubigen Fremdbesitzer gelten. Zudem Wortlaut der amtlichen Überschrift und des ersten Halbsatzes.
- Nach h.M. sind die **§§ 823 ff.** gem. dem isoliert zu lesenden Wortlaut des § 993 I Hs. 2 auch beim bösgläubigen Besitzer **nicht anwendbar**. Dafür spricht, dass das EBV die Haftung auch des bösgläubigen Besitzers anders ausgestaltet als die §§ 823 ff. (110):
  - der **Vorenthaltungsschaden** wird gem. §§ 990 II, 280 I u. II, 286 nur bei Verzug ersetzt (anders: §§ 823 ff., 249 ff.).
  - eine **Zufallshaftung** besteht gem. §§ 990 II, 287 S. 2, 286 **nur bei Verzug** (anders: § 848).

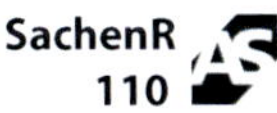

EBV (8) – Umfang des Schadensersatzes

Grundsätzlicher Umfang

- **Ersatzfähig** ist Schaden, der durch **Zerstörung, Beschädigung** bzw. **endgültige Nichtherausgabe** entsteht.
- **Nicht ersatzfähig** ist der Schaden, den die **Vorenthaltung** der Sache auslöst (Ausnahme: § 990 II, s.u.).
- Nach h.M. gelten **§§ 249 ff.**, sodass neben objektivem Wert **auch entgangener Gewinn** (§ 252) ersatzfähig ist.

Erweiterte Verzugshaftung gem. § 990 II

- Der unrechtmäßige bösgläubige Besitzer, der mit der Herausgabe in Verzug ist, haftet verschärft: Er muss den **Vorenthaltungsschaden** ersetzen (Anspruch aus **§§ 280 I u. II, 286**) und haftet auch für **Zufall** (➲ Haftung ohne Verschulden irgendeiner Person; Haftungsverschärfung, **§ 287 S. 2**, inzident in Anspruchsgrundlage zu prüfen).
- ⚡ **Umstritten** ist, ob die Verzugshaftung gem. § 990 II die nach § 286 I 1 grds. erforderliche **Mahnung** ebenfalls voraussetzt.
  - Nach **e.A. entbehrlich**, da im EBV der bösgläubige mit dem verklagten Besitzer in §§ 989, 990 gleichgestellt wird und die Mahnung gem. § 286 I 2 durch Klageerhebung ersetzt wird.
  - Nach **h.M. erforderlich**. § 990 II gilt systematisch nur für den Bösgläubigen. Sonst hätte die Verschärfung in § 989 geregelt werden müssen, nur dieser lässt Klageerhebung genügen. Eine Klageerhebung macht zudem nicht immer bösgläubig, denn gerade der Schuldner, der sich verklagen lässt, ist oft von seinem (vermeintlichen) Besitzrecht überzeugt.

EBV (9) – Nutzungsersatz

Begriff der Nutzungen im EBV, §§ 100, 99 I u. III

Ersatzfähig als Nutzungen sind die **Früchte** und **Gebrauchsvorteile** einer **Sache** (nicht – obwohl in § 100 genannt – eines Rechtes, da auf Rechte die §§ 987 ff. nicht anwendbar sind)

- **Sachfrüchte:** Erzeugnisse, bestimmungsgemäße Ausbeute (§ 99 I) sowie Erträge (§ 99 III)
  Mieterträge aus einer vermieteten Wohnung
- **Gebrauchsvorteile:** Vorteile, die ohne Früchte zu sein, gezogen werden können
  Bewohnen einer selbst genutzten Wohnung
  Verbrauch ist kein Gebrauch, sondern bereits Schädigung (§§ 989, 990) Verzehr von Speisen

Nutzungsersatzpflicht des Deliktsbesitzers, §§ 992, 823 ff.

- § 992 enthält eine **Rechtsgrundverweisung** auf §§ 823 ff.; Einzelheiten, 107.
- Nach ganz h.M. ist nach §§ 992, 823 ff. über den Wortlaut hinaus **auch Herausgabe gezogener Nutzungen** sowie Ersatz der **nicht gezogenen Nutzungen, die der Eigentümer gezogen hätte**, geschuldet.
- Umstritten ist, ob Deliktsbesitzer nach §§ 992, 823 ff. auch **Nutzungen** ersetzen muss, die **Eigentümer selbst nicht gezogen hätte:**
  - Laut noch h.M. ja, weil deliktischer Besitzer nicht besser stehen dürfe als bösgläubiger/verklagter (§ 987 II) Besitzer.
  - Laut vordringender Lit. nein, da kein für §§ 823 ff. erforderlicher kausaler Schaden des Eigentümers.
- Nach h.M. zudem Anspruch aus **§ 988** (113) möglich, auch der Deliktsbesitz ist **unentgeltlich**. Hier allerdings Entreicherung nach § 818 III möglich.

EBV (10) – Nutzungsersatz

Nutzungsersatzpflicht des unrechtmäßigen bösgläubigen oder verklagten Besitzers, §§ 987, 990 I

- **Anwendbar** auf bösgläubigen/verklagten **Eigenbesitzer** und auf bösgläubigen/verklagten **Fremdbesitzer**, der **für Eigentümer** besitzt (Einzelheiten wie bei §§ 989, 990 I, 106)
- **Rechtsfolge:**
  - **Herausgabe** der **Nutzungen** in Natur

    Wenn die Nutzungen in Geld bestehen oder körperlich vorhanden sind, z.B. Früchte
  - Soweit Herausgabe in Natur nicht möglich: **Wertersatz** in Höhe des objektiven Wertes (arg.: § 818 II).

    Kein Wegfall der Bereicherung – kein arg.: § 818 III
  - Gem. § 987 II auch Ersatzpflicht bezüglich **schuldhaft nicht gezogener Nutzungen**

Sonderfall: Nutzungsersatzpflicht des unrechtmäßigen bösgläubigen oder verklagten Besitzers, der für einen Dritten besitzt, § 991 I

- Besitzt der unmittelbare Besitzer nicht für den Eigentümer, sondern für einen anderen Oberbesitzer, dann **haftet der unmittelbare Besitzer dem Eigentümer nur**, wenn auch der Oberbesitzer **bösgläubig oder** – insoweit über den Wortlaut hinaus – **verklagt** ist.

  M mietet von V den Pkw des E. M erkennt später das Eigentum des E; V erkennt es nicht/ebenfalls.

  Sinn und Zweck des § 991 I: Wenn der gutgläubige Oberbesitzer dem Eigentümer gegenüber nicht nach §§ 989, 990 I haftet, soll er auch im Fall der Weitergabe an einen bösgläubigen Dritten nicht haften. Gäbe es aber die Vorschrift des § 991 I nicht, würde der unmittelbare Besitzer bei eigener Bösgläubigkeit dem Eigentümer gegenüber unmittelbar haften und **könnte ggf. beim Oberbesitzer Regress nehmen**. Das soll verhindert werden.
- Die Norm wird wegen ihres Zwecks von der h.M. **teleologisch reduziert:** Sie greift nur, soweit tatsächlich ein **Regressanspruch des unmittelbaren Besitzers gegen den Oberbesitzer besteht**.

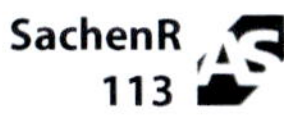

EBV (11) – Nutzungsersatz

Nutzungsersatzpflicht des gutgläubigen Besitzers

Grundsätzlich soll der gutgläubige Besitzer gem. § 993 I Hs. 2 keinen Nutzungsersatz schulden.

Es gibt aber **Ausnahmen**:

Nutzungsersatzpflicht des gutgläubigen unentgeltlichen Besitzers, § 988

- **Voraussetzungen**
  1. Ziehung der **Nutzungen vor Rechtshängigkeit** (sonst Ersatzpflicht gem. § 987)
  2. **Gutgläubigkeit** bei Ziehung der Nutzungen, sonst Ersatzpflicht gem. §§ 987, 990
  3. Anspruchsgegner:
     - **Unentgeltlicher Eigenbesitzer** („als ihm gehörig") oder **unentgeltlich dinglich Nutzungsberechtigter** („Nutzungsrechts") unentgeltlich = ohne Gegenleistung, Geld oder etwas anderes; auch: Dieb 111
     - **Analoge Anwendung** auf den **unentgeltlich obligatorisch Nutzungsberechtigten**

       D stiehlt E einen Pkw und verleiht ihn an N. N hatte nur ein obligatorisches Nutzungsrecht aus dem Leihvertrag und muss die Nutzungen nach h.M. analog § 988 an E herausgeben (arg.: der „nur" obligatorisch Nutzungsberechtigte soll nicht besser stehen als der dinglich Nutzungsberechtigte).
     - **Analoge Anwendung** auf den Besitzer, der sich den **Besitz durch Eingriffskondiktion** verschafft hat

       Der Besitzer hat die Sache als vermeintlich derelinquierte Sache an sich genommen (keine Haftung aus § 992, sodass nur eine analoge Anwendung des § 988 zu einer Kompensation führen kann).
- **Rechtsfolge:** Herausgabe der Nutzungen nach **Bereicherungsrecht**

  Entreicherungseinwand § 818 III nicht gesperrt!

EBV (12) – Nutzungsersatz

Nutzungsersatzpflicht des gutgläubigen Besitzers (Fortsetzung)

⚡ Nutzungsersatzpflicht des gutgläubigen rechtsgrundlosen Besitzers, § 988 analog?

- Nach der **Rspr.** steht der unentgeltliche dem rechtsgrundlosen Besitz gleich: Wenn bei einem Vertrag „nur" das Kausalgeschäft nichtig sei, seien die §§ 812 ff. mangels Vindikationslage anwendbar. Sei auch das dingliche Geschäft nichtig, dürfe nichts anderes gelten, sodass die §§ 812 ff. trotz EBV über § 988 analog anzuwenden seien. Der Veräußerer sei erst recht schutzwürdig.
- Nach der **Lit.** werden die §§ 812 ff. bei der Rückabwicklung unwirksamer Verpflichtungsverträge ohnehin nicht gesperrt.
- **Gleiches Ergebnis bei zwei Personen, Unterschiede bei drei Personen:** Hat der Besitzer die Sache von einem Dritten rechtsgrundlos erworben, ist er hinsichtlich §§ 812 ff. direkt durch den Vorrang der Leistungskondiktion vor einer Inanspruchnahme durch den Eigentümer geschützt. Nach der Lit. hat der Eigentümer daher keinen Anspruch gegen den Besitzer. Nach der Rspr. wäre aber trotzdem Nutzungsersatz gem. § 988 analog zu leisten.
- **Daher gut vertretbare vermittelnde Ansicht:** §§ 987 ff. sperren nur Eingriffs-, aber nicht Leistungskondiktion.

Nutzungsersatzpflicht des gutgläubigen Besitzers bei Ziehung von Übermaßfrüchten, § 993 I Hs. 1

- Der gutgläubige Besitzer hat diejenigen Früchte herauszugeben, die nicht mehr im Rahmen einer ordnungsgemäßen Wirtschaft gezogen wurden **(Übermaßfrüchte)**.
- Sind die Früchte nicht mehr vorhanden, hat er Wertersatz zu leisten, §§ 993 I 1 Hs. 1, 818 II.

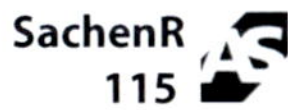

EBV (13) – Verwendungsersatz

Begriff der Verwendung im EBV

- **Verwendung** = Aufwendung auf eine Sache
- **Aufwendung** = freiwilliges Vermögensopfer (vs. Schäden: unfreiwillige Vermögensopfer)

Eine Verwendung im Sinne des EBV liegt vor, wenn die Maßnahme getroffen wurde, um die Sache:

zu erhalten	zu verbessern	wiederherzustellen	umzugestalten (str.)

- **Rspr.: Enger Verwendungsbegriff**: Umgestaltung sei sprachlich schon keine Verwendung mehr und Eigentümer solle vor aufgedrängter Bereicherung geschützt werden.
- **Konkurrenz zum Bereicherungsrecht, §§ 951, 812 ff.:** Bereicherungsrecht ausgeschlossen, auch bei **weiten Verwendungen**, weil auch insoweit das EBV abschließend sei.
  Das folgt nicht aus § 993 I Hs. 1, aber aus der differenzierenden Regelung in §§ 994, 996

- **Lit.: Weiter Verwendungsbegriff**: Gerade bei erheblichen Aufwendungen im Rahmen von Umgestaltungen wäre selbst der redliche unverklagte Besitzer auf das – wirtschaftlich oft wertlose – Wegnahmerecht des § 997 I verwiesen. Vor aufgedrängten Bereicherungen könne sich der Eigentümer zudem gem. § 1001 (116) schützen. Der Eigentümer müsse sogar die Zerstörung der Sache hinnehmen, sodass ein Ersatz der Verwendungen einer Umgestaltung angemessen sei.
- **Konkurrenz zum Bereicherungsrecht, §§ 951, 812 ff., str. innerhalb der Lit.:**
  - **Redlicher Besitzer** erhält jedenfalls gem. §§ 994 ff. auch Umgestaltungsaufwendungen (§ 996), sodass Anwendbarkeit der §§ 812 ff. das Ergebnis nicht beeinflusst.
  - **Unredlicher Besitzer** erhält allerdings nur notwendige Verwendungen (§ 994 II), sodass es bei nur nützlichen Verwendungen auf Anwendbarkeit der §§ 812 ff. ankommt: Nach einem Teil der Lit. sollen dann die §§ 951, 812 ff. trotz EBV anwendbar sein, da der unrechtmäßig besitzende Verwender nicht schlechter stehen solle als der unrechtmäßige besitzlose Verwender. Der andere Teil der Lit. hält hingegen das EBV wegen der ausdifferenzierten §§ 994, 996 für abschließend.

EBV (14) – Verwendungsersatz

Verwendungsarten

- **Notwendig** sind Aufwendungen, die objektiv erforderlich sind, um die Sache zu erhalten (gewöhnliche Erhaltungskosten und weitere notwendige Verwendungen). Ölwechsel beim Pkw
- **Nützliche** Verwendungen sind nicht notwendige Aufwendungen, die den Sachwert steigern oder die Gebrauchsfähigkeit erhöhen. Montage einer Anhängerkupplung an den Pkw
- **Luxusverwendungen** sind nicht notwendige Aufwendungen auf die Sache, die den (am Markt realisierbaren) Wert nicht erhöhen. Beschriftung des Pkw mit Namensinitialen aus Platin

Allgemeine Voraussetzungen des Verwendungsersatzanspruchs

1. Klagbarkeit, § 1001

- Eigentümer hat Sache **wiedererlangt** (wenigstens mittelbaren Besitz – eine Realisation des Mehrwertes, z.B. durch Veräußerung, ist nicht ausreichend, arg.: § 999 II)
- Eigentümer hat Verwendung **genehmigt** (die Verwendung gilt als genehmigt, wenn Eigentümer die unter Vorbehalt des Verwendungsersatzanspruchs angebotene Sache angenommen hat).

2. Kein Erlöschen gem. § 1002 (1 Monat nach Herausgabe bzw. bei Grundstücken 6 Monate)

Verwendungsersatzansprüche des gutgläubigen Besitzers

- **Notwendige Verwendungen** gem. § 994 I
- **Nützl. Verwendungen** gem. § 996 nur, wenn noch werterhöhend vorhanden (also kein Ersatz von Luxusverwendungen)
- Bei gutgläubigem **Fremdbesitzer** ggf. Kürzung nach vertraglichen Vorgaben
- **Anspruchskürzung** um **gewöhnliche Erhaltungskosten**, solange dem Besitzer die Nutzungen verbleiben

Verwendungsersatzansprüche des bösgläubigen Besitzers

Notwendige Verwendungen gem. § 994 II: **Partielle Rechtsgrundverweisung** in die GoA

- **Erforderlich:** Fremdes Geschäft/ohne Auftrag/dem Interesse und Willen des Geschäftsherrn entsprechend
- **Nicht erforderlich:** Fremdgeschäftsführungswille (sonst könnte der Eigenbesitzer nie Ersatz verlangen)

Beseitigungs- und Unterlassungsanspruch, § 1004 (1)

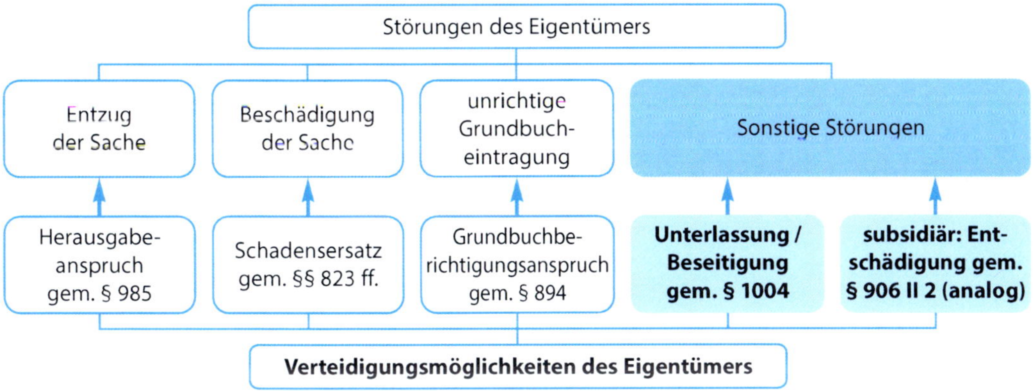

Störungen des Eigentümers				
Entzug der Sache	Beschädigung der Sache	unrichtige Grundbucheintragung	Sonstige Störungen	
↑	↑	↑	↑	↑
Herausgabeanspruch gem. § 985	Schadensersatz gem. §§ 823 ff.	Grundbuchberichtigungsanspruch gem. § 894	**Unterlassung / Beseitigung gem. § 1004**	**subsidiär: Entschädigung gem. § 906 II 2 (analog)**
Verteidigungsmöglichkeiten des Eigentümers				

Beseitigungs- und Unterlassungsanspruch gem. § 1004

1. Anspruchsteller = Eigentümer oder i.V.m. § 823: Inhaber eines anderen absoluten Rechts; (quasi-negatorischer Beseitigungs- und Unterlassungsanspruch)
2. Eigentumsbeeinträchtigung i.S.v. § 1004 (bzw.: Beeinträchtigung des absoluten Rechts i.S.d. § 823)
3. Anspruchsgegner = Störer
4. Keine Duldungspflicht des Anspruchstellers, § 1004 II
5. Rechtsfolge: a) § 1004 I 1: Beseitigung einer (abgeschlossenen) Störung
   b) § 1004 I 2: Unterlassung einer zukünftigen oder andauernden Störung

Beseitigungs- und Unterlassungsanspruch, § 1004 (2)

Exkurs: Entschädigungsansprüche gem. § 906 II 2 (analog)

§ 906 II 2

I. Anspruchsteller ist **Eigentümer** eines Grundstücks

II. **Zwar bestimmte Beeinträchtigung** (§ 906 Abs. 2 S. 2 „hiernach") ...
   1. Einwirkung i.S.d. § 906 I 1 (Imponderabilien von anderem Grundstück)
   2. Wesentliche Beeinträchtigung (§ 906 II 1)
   3. Anspruchsgegner ist Störer

III. ... **aber Duldungspflicht nach § 906 II 1** (ortsüblich, unverhinderbar)

IV. Beeinträchtigung der **ortsüblichen Benutzung** über das **zumutbare Maß** hinaus

V. **Rechtsfolge:** Angemessener Ausgleich in Geld

§ 906 II 2 analog

I. **Anwendbarkeit:** Kein vorrangiges Haftungssystem (insbesondere §§ 823 ff. nicht vorrangig)

II. Anspruchsteller und -gegner sind **Grundstücksnachbarn**
   1. **Anspruchsteller** ist Eigentümer o. Besitzer eines Grundstücks
   2. **Anspruchsgegner** ist Benutzer des Grundstücks
   3. **Eingriff „von außen"**, d.h. keine (Teil-)Identität der Eigentumsverhältnisse

III. **Abwehranspruch** aus § 1004, §§ 907–909 oder § 862, also Störung und **keine Duldungspflicht** ...

IV. ... aber Anspruchsteller an der Abwehr aus bes. Grund **gehindert**
   1. Faktischer Duldungszwang
   2. Nachbarrechtlicher Ausschluss des Primäranspruchs
   3. Duldungspflicht aus übergeordnetem ö-r Interesse

V. **Konkreter Grundstücksbezug** der Beeinträchtigung

VI. **Zumutbares Maß** einer entschädigungslosen Beeinträchtigung überschritten

VII. **Rechtsfolge:** Angemessener Ausgleich in Geld

Eigentumsbeeinträchtigung

- Beeinträchtigungen durch **Einwirkung auf die Sache**
  - Unmittelbare **Einwirkung auf den Sachkörper** (Unbefugte Nutzung, Veränderung; zur Schädigung 121)
  - Zuführung **wägbarer Stoffe** (grenzüberschreitende Grobimmissionen) Hund läuft auf Grundstück
  - Grenzüberschreitung **unwägbarer Stoffe**, § 906 Lautes Konzert auf Nachbargrundstück
  - **Gefährdende Maßnahmen / Vorrichtungen** auf Nachbargrundstück (Vgl. §§ 907 ff.)

Beseitigungs- und Unterlassungsanspruch, § 1004 (3)

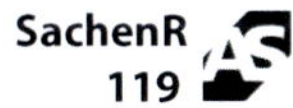

Eigentumsbeeinträchtigung (Fortsetzung)

- Beeinträchtigungen durch **Eingriff in die Rechtsposition** des Eigentümers
  - Behinderung des Besitzes (Beachte Vorrang des § 985 bei vollständiger Besitzentziehung)
  - Angriff auf die Rechtsposition (Bestreiten der Rechtsposition ggü. Dritten; Beachte Vorrang des § 894)
- **Keine** Beeinträchtigungen bei **nicht grenzüberschreitende Immissionen** (**sittliche Immissionen** oder **ästhetische Beeinträchtigungen** unansehliches Bordell auf Nachbargrundstück; h.M., arg.: Orientierung an § 906)
- **Keine** Beeinträchtigungen durch **„negative" Einwirkungen** (Entzug von Licht, Luft, Funkwellen etc.)

Störer

Handlungsstörer

- Handlungsstörer ist, wer Störung durch **eigenes Verhalten** (Tun/Unterlassen) adäquat kausal verursacht (hat).
- Bei mehreren Personen Anspruch gg. jeden Störer
- Bei Störungen durch Werkunternehmer sind Unternehmer und Besteller Störer.
- Bei Störungen durch Arbeitnehmer ist grds. nur der Arbeitgeber Störer (es sei denn, der Arbeitnehmer hat eigenen Entscheidungsspielraum, str.).
- Bei Grundstücken sind Mieter und Vermieter Störer, wenn die Störung von einer vertraglich erlaubten Tätigkeit ausgeht oder der Vermieter trotz Vertragswidrigkeit nicht einschreitet (sonst ist nur der Mieter Störer).
- Betreiber einer Internetplattform muss bei Kenntniserlangung Äußerung der Nutzer prüfen und ggf. löschen.

Zustandsstörer

- Zustandsstörer ist, wer **Sachherrschaft über gefährliche Sachen** ausübt, wobei Zustand wenigstens **mittelbar auf Willen des Anspruchsgegners** zurückführbar sein muss oder sonstige **Sachgründe** (Argumente insbes. aus §§ 906 ff.) vorliegen müssen.
- Umstritten ist, ob Inhaber der Sachherrschaft bei **natürlichen Immissionen** (Wurzeln, Rohrbruch wegen Frost, Froschquaken) Störer ist. H.M. bejaht Störereigenschaft bei einer **„Sicherungspflicht"** (bei Wurzeln aus § 910; bei Rohrbruch im Nachbarhaus aus § 836 analog) oder bei **Mitverursachung durch vorangegangenes Tun** (Anlegen eines Froschteiches).

Beseitigungs- und Unterlassungsanspruch, § 1004 (4)

Duldungspflichten des Eigentümers gem. § 1004 II

- **Privatrechtliche Duldungspflichten**
  - Schuldrechtlicher Vertrag oder Belastung beschränkt dinglichen Rechts
  - Zuführung unwägbarer Stoffe, die keine wesentliche Beeinträchtigung hervorrufen, § 906 I
  - Wesentliche Beeinträchtigungen, die ortsüblich sind und nicht verhindert werden können (§ 906 II 1; dann aber Entschädigungsanspruch gem. § 906 II 2, vgl. 118)
  - Notstand, § 904 S. 1; Überbau ohne grobes Verschulden, § 912; Notwegerecht, § 917
  - Nachbarschaftliches Gemeinschaftsverhältnis, § 242; Art. 124 EGBGB i.V.m. NachbarrechtsG der Länder
- **Öffentlich-rechtliche Duldungspflichten**
  - § 14 BImSchG
  - Planfeststellungsbeschluss (§ 75 II 1 VwVfG Bau einer Bundesfernstraße, vgl. § 17 FStrG)
  - Kommunale Satzung Baumschutzsatzung
  - Duldungspflichten aus VA, Grundrechte, §§ 22, 23 KunstUrhG oder öffentliches Interesse

Anwendung des Schuldrechts

- **Anwendbar insbes.:** § 273; § 275; §§ 280 I u. II, 286; § 254; Vorteilsausgleich und Abzug „neu für alt" (h.M.)
- **Nicht anwendbar: §§ 280 I u. III, 281**, denn gem. § 281 IV würde § 1004 erlöschen. „Dulden und Liquidieren" ist aber nicht gewollt. Zudem würde die Zahlung die Störung nicht beseitigen, § 1004 also wieder aufleben.

Beseitigungsanspruch bei Beschädigungen

Äußerst umstritten ist die Anwendbarkeit des § 1004 auf **Beschädigungen des Sachkörpers**. § 823 fordert ein Verschulden, § 1004 hingegen nicht. Um die **Voraussetzungen des § 823 nicht zu umgehen**, muss der Anwendungsbereich von **§ 1004 und § 823 daher voneinander abgegrenzt** werden:

- Teilweise wird vertreten, dass **Schäden bereits keine Eigentumsbeeinträchtigungen** i.S.v. § 1004 seien. Dann wäre aber eine drohende Beschädigung auch keine drohende Eigentumsbeeinträchtigung und könnte nicht mit dem vorbeugenden Unterlassungsanspruch verhindert werden. Korrigierend wird daher angenommen, dass Störer i.S.v. § 1004 nur derjenige sei, der durch eine **andauernde oder bevorstehende Handlung** einen Schaden herbeizuführen drohe, nicht jedoch derjenige, der bereits geschädigt habe.
- Laut h.M. wird eine **Abgrenzung erst auf Rechtsfolgenseite** vorgenommen. § 1004 ziele auf die Wiederherstellung des **ursprünglichen** Zustands **(status quo ante)**, während §§ 823, 249 ff. die Herstellung des Zustands verlangten, der **jetzt** bestünde, wenn das schädigende Ereignis nicht eingetreten wäre **(Differenzhypothese)**. Subsumiert man hierunter präzise, so **überlappen sich die Rechtsfolgen partiell**.

  Der Keller des E läuft voll. Ursache ist ein Rückstau im Abwasserrohr. Dieser ist dadurch entstanden, dass Wurzeln von einem Baum auf dem Grundstück des N in das Rohr hineingewachsen sind.